Für weiterführende Interventionen sehen Sie natürlich das Kind. Kann ich mit den Eltern arbeiten oder muss das die Schule allein stemmen? Hier möchte ich Sie ausdrücklich ermuntern: In Ausnahmefällen müssen wir uns etwas einfallen lassen, was nur in und mit der Schule geht.

Sonst sind natürlich die Eltern mit ins Boot zu holen oder auch andere Bezugspersonen.

Ja, und dann bedenken Sie bitte Ihre eigene Lehrerpersönlichkeit. Nicht umsonst beweisen Studien, dass der Haupterfolg in der Schule von der Lehrerpersönlichkeit und nicht so sehr von den eingesetzten Methoden abhängt. Es muss aber passen. Wenn Sie eher der konservative Typ sind, werden Sie also wohl eher nicht auf überraschende Interventionen setzen oder – zur Überraschung aller – vielleicht gerade einmal darauf.

Die wichtigste und beste Förderung ist die Akzeptanz des Kindes mit all seinen Schwierigkeiten und Vorzügen. Seien Sie sich bewusst: Sie sind die neue Bezugsperson des Kindes. Mit Ihnen will es sich freuen, von Ihnen möchte es Hilfe bei Schwierigkeiten. Nicht umsonst ist die Verwendung von Ich-Botschaften, wie es in Kommunikationsseminaren immer wieder empfohlen wird, besonders in den ersten Klassen so erfolgreich. Sicher erinnern Sie sich auch an sofort einsetzende Anstrengungsbereitschaft der Kleinen, wenn Sie z. B. formulieren: „Ich freue mich über …"

Und doch mussten einige Schulanfänger schon so viele Brüche und Enttäuschungen in ihrem jungen Leben verarbeiten, dass sich weder ein gesundes Selbstvertrauen, noch eine Vertrauensbasis Erwachsenen gegenüber entwickelt hat. Durch das völlig neue Umfeld Schule, liegt hier unsere Chance.

Viel Spaß und Erfolg bei der Auswahl aus den gesammelten Ideen und weiteren Maßnahmen.

Danke an Kirsten – meine Lieblingskollegin
Nanett – meine Tandempartnerin
Heidi – meine beste Freundin und
Andreas – meinen Ehemann; er las Kontrolle und das als Fachfremder!

Viel Spaß und Erfolg

Ramona Wolff

Vor der Schule

Es wurden sicherlich überall Routinen entwickelt, um die zukünftigen Schulanfänger zu „testen". Doch bis zum Schulstart dauert es meistens noch eine Zeit lang.

Werden die gewonnenen Erkenntnisse beim Schulstart dann genutzt? Meist – und zu Recht – machen wir uns doch ein neues Bild vom Schulanfänger, wenn es losgeht.

Nutzen wir also unsere Ergebnisse vor Schuleintritt ebenfalls.
Effektiv finde ich es, bei Auffälligkeiten den Eltern einen Tipp zu geben – ohne Alarmstimmung zu verbreiten.

So könnte ein Elternbrief aussehen:

Sehr geehrte Familie …,

in etwa 8 Wochen wird Ihr Sohn/Ihre Tochter ein Schulkind sein.
Als betreuende Sonderpädagogin in der zukünftigen Klasse konnte ich ihn/sie gemeinsam mit anderen Kollegen beim Eignungstest/bei der Überprüfung als freundliches und nettes Kind erleben.

Um seinen/ihren Schulstart zu optimieren, möchten wir Sie auf verschiedene Dinge hinweisen.

Uns ist aufgefallen, dass ihm/ihr bestimmte Bewegungsabläufe schwerfallen. Lassen Sie ihn/sie bitte viel draußen toben und ermutigen Sie ihn/sie zu Balancierübungen, Hampelmann etc. Das kann die Entwicklung beider Gehirnhälften unterstützen.

Außerdem erschien uns die Sprache von … etwas auffällig.
Bestimmt macht es ihm/ihr Freude, wenn Sie gemeinsam mit Abzählversen (z. B. „Eine kleine Mickymaus"…) und Zungenbrechern (z. B. „Fischers Fritze"…) spielen.
Unsere Empfehlung ist auch, ihn/sie möglichst viel zu Handlungen sprechen zu lassen. Wenn er/sie u. a. den Tisch deckt, könnte er dazu erzählen: „Jetzt stelle ich drei blaue Tassen zu jedem Teller" usw.

Was können Sie sonst noch zu Hause tun?
Nun, das sind ganz normale Dinge:
Versuchen Sie, ihm/ihr einen geregelten, gleichmäßigen Tagesablauf zu bieten.
Vermeiden Sie Reizüberflutung (zu viel Fernsehen, Computer).
Seien Sie so liebevoll wie bisher zu ihm/ihr und stärken Sie seine/ihre Schulvorfreude.

Wir freuen uns auf ihn/sie.

Vielen Dank für Ihre Mitarbeit.

Mit freundlichen Grüßen

Ramona Wolff

Individuelle Förderung im Anfangsunterricht

Grundlegende Fähigkeiten

PERSEN

Die Autorin:

Ramona Wolff ist Lehrerin für die Förderschwerpunkte Lernen und Emotionale und soziale Entwicklung. Derzeit ist sie im Gemeinsamen Unterricht an einer Grundschule tätig.

Hinweis: Aus Gründen der besseren Lesbarkeit wird im Folgenden die neutrale Bezeichnung „Schüler" stellvertretend für alle Schülerinnen und Schüler verwendet.

Gedruckt auf umweltbewusst gefertigtem, chlorfrei gebleichtem und alterungsbeständigem Papier.

5. Auflage 2016

Illustrationen: Achim Schulte
Satz: Satzpunkt Ursula Ewert GmbH, Bayreuth

ISBN 978-3-8344-**3390**-9

www.persen.de

Inhaltsverzeichnis

Vorwort

„Wie viel Mätzchen soll ich denn noch veranstalten?" fragte mich eine Kollegin, als wir gemeinsam überlegten, wie wir einen Schüler möglichst individuell an die Anforderungen des Unterrichts führen können.

Die ersten Monate in der Schule stellen für die weitere Entwicklung der Kinder eine äußerst **sensible Phase** dar. Neugierig und erwartungsfroh, ängstlich oder gar etwas bockig stehen sie uns gegenüber. Es ist **die Chance, hier Weichen zu stellen**: Weichen, die bedeuten „Weiter so!" oder auch Weichen, die den Kindern bewusst machen „In der Schule weht ein anderer Wind, der Schlendrian bleibt zu Haus!" Vielleicht brauchen einzelne Kinder auch Weichen, die bewusst machen: „Trau dir was zu, Fehler sind nicht schlimm!" Es werden Rituale entwickelt und erste Arbeitsweisen eingeübt.

Am Fingerspitzengefühl des Lehrers liegt es nun, durch Beobachtung und rechtzeitiges Eingreifen Fehlentwicklungen von Anfang an zu unterbinden und gewünschtes Verhalten zu stärken.

Etwa 10 Jahre habe ich den Anfangsunterricht als Sonderpädagogin begleitet. Immer wieder haben wir überlegt, was hier oder da zu tun ist, haben Bücher gewälzt und Erfahrungen ausgetauscht. Viel Zeit wurde für das Suchen von passenden Möglichkeiten gebraucht.

Dieses Buch soll Ihnen diese Zeit schenken.

Zunächst habe ich die **Schwierigkeiten der Schüler** von den einzelnen Kollegen gesammelt und diese im ersten Teil **als Überschrift gewählt**. Zuerst erinnere ich an **allgemeine Überlegungen** zu diesen Situationen, wie Sie es vielleicht vom Studium her kennen. Dann sind **bewährte Tipps** zusammengetragen, die das Problem vielleicht schon einmal lösen konnten und im Alltag nur in den Hintergrund gerutscht sind. Und schließlich gibt es zu den angesprochenen Schwierigkeiten **zusätzlich kreative und neue Vorschläge**. Fast alle Ideen können für die ganze Klasse (was einem nutzt, schadet den anderen nicht) oder für einzelne Schüler angewendet werden.

Insgesamt ist hier **ein Pool von Möglichkeiten** der Einflussnahme zusammengetragen. Natürlich gilt nach wie vor, dass es in der Pädagogik keine Rezepte gibt. Dennoch habe ich die Varianten der Einflussnahme unter einem Problem zusammengefasst – dies aber nur wegen der besseren Übersicht. Eine Maßnahme die gegen das Ermüden hilft, hilft vielleicht auch beim Durchhalten. Unsere Professionalität liegt darin, in verschiedenen Situationen auf ein Methodenrepertoire zurückgreifen zu können. Wir wägen ab, welche Maßnahme davon jetzt von Erfolg gekrönt sein könnte. Ein kluger Kollege sagte einmal: „Wenn wir 50 Methoden haben, kommen vielleicht 10 in die engere Wahl und 2 probieren wir aus und auch dabei können wir uns irren." Wir sind dann aber nicht hilflos, sondern können entweder die Methode verfeinern und noch weiter durchhalten oder neue Maßnahmen auswählen.

Wovon machen Sie Ihre Wahl abhängig? Natürlich zunächst mal von der Schwere des Problems. Manche Dinge sind durch kleine pädagogische Kniffe recht schnell in den Griff zu kriegen.

Als Universalmittel immer gut:

- das Klassenstofftier – in meiner Klasse „Mimi" genannt
- die Denkpunkte: Klebepunkte für den Bürobedarf (oder von Kopiervorlage S. 72) für außergewöhnliches Mit- oder Neudenken – 3 Denkpunkte können in einen Superdenkbonbon eingetauscht werden.

Im Alltagsgeschäft gerät das Einfache, das Normale mitunter in den Hintergrund. **Aber: Das Einfache ist das Pädagogische.**

Die Kinder hören nicht zu

Stellen Sie sich vor …

Stellen Sie sich vor, Sie sind bei einer Fortbildungsveranstaltung. Sie wissen, dass der Inhalt wichtig für Sie ist. Der Dozent erzählt und erklärt und erzählt und erklärt … Es lässt sich herrlich träumen.
Nichts ist ermüdender als ein gleichmäßiger, einschläfernder Tonfall.
Wenn dann noch mit Worten hantiert wird, die fremd für uns sind, schläft es sich herrlich.
Erschwerend für Kinder kommt hinzu, dass diese tätig sein wollen. Das „Nur-Zuhören" ist eine immens schwere Aufgabe.

Schon gefragt …

- Arbeite ich mit meiner Stimme (laut, leise, schnell, langsam)?
- Unterstütze ich das Gesagte mit den Möglichkeiten der anderen Wahrnehmungskanäle? (Prinzip der Anschaulichkeit)

> Erzähl mir etwas und ich werde es vergessen.
> Zeige mir etwas und ich erinnere mich vielleicht daran.
> Involviere mich und ich werde verstehen. (Alte chinesische Weisheit)

Bewährte Tipps

Personalisieren

Fügen Sie in Ihre Erklärungen immer wieder Namen Ihrer Schüler ein.
Z. B.: „Robert hat fünf tolle Blätter gefunden. Nora bringt auch noch zwei mit." Oder: „Das schaffen bestimmt alle so schön wie Stefan."

Quatsch verstecken

Fügen Sie in Ihre Erklärung bewusst „Quatsch" mit ein. Die Kinder lieben es, so etwas zu entdecken und passen schon deshalb besonders gut auf.
Z. B.: „Eure Aufgabe ist es also, das Wort Papa fünfmal auf den Apfel zu schreiben." – Ein großes Gelächter und die Klarstellung: „Natürlich soll das Wort in das Heft geschrieben werden."

Wichtiges wiederholen lassen

Lassen Sie sätzeweise wiederholen. Die Sätze können ganz laut gesagt (für Schüchterne) oder geflüstert (für Draufgänger) werden. Bei wichtigen Inhalten bietet sich auch das gute alte „Im-Chor-Sprechen" an.

Visuelle Unterstützung

Geben Sie Zeichen für bestimmte Erklärungen.
Achtung: nicht überfrachten!
Bewährt haben sich z. B. folgende Zeichen:

- Eine schreibenden Hand für schriftliche Aufgabe
- Eine lesende Figur für eine Leseaufgabe
- Eine rechnende Hand für eine Rechenaufgabe
- Ein mit Ideen gefüllter Kopf für die Einführung von neuen Inhalten
- Eine Figur, die ein Leisezeichen gibt für „leise sein"
- Eine Figur, die ein Zeichen zum Aufpassen gibt für „zuhören und aufpassen" (Kopiervorlagen s. S. 61)

Lippenlesen

Geben Sie Teile Ihrer Anweisung stimmlos.
So können Sie einzelne Worte nur mit den passenden Mundbewegungen darstellen und die Schüler müssen dabei ganz genau aufpassen. Daraus lassen sich natürlich auch leicht kleine Spiele machen, bei denen die Schüler einzelne Wörter stimmlos sagen und die Mundbewegungen ganz genau bilden müssen, damit andere das Wort auch erraten können. Dies ist ganz klar auch eine gute Übung, sich der Mundbewegungen bei der Bildung der Laute bewusst zu werden.

Kollegen, die mit Lautgebärden (phonomimischen Handzeichen) arbeiten, können Teile der Aufgabenstellung oder einzelne Worte natürlich auch in Lautgebärden anbieten.

Weitere Ideen

Geheimcode

Codewörter kennen die meisten Schüler.
Vereinbaren Sie mit dem kleinen „Träumer" ein Codewort oder lassen Sie ihn diesen Code auf einen Zettel schreiben. Der Zettel kommt in die Federtasche und immer, wenn der Lehrer auf die Federtasche klopft oder das Codewort nennt, ist dies ein Zeichen, wieder „herzukommen" und das Träumen zu beenden.

Lauschbiene

Wenn die Kinder gerade mal wieder sehr mitteilsam sind und alles Mögliche erzählen wollen, saust meine Lauschbiene (Stempel oder Bildkarte s. S. 62) durch die Klasse. Derjenige, bei dem sie landet, muss noch einmal erzählen, was gerade gesagt wurde. Ob es stimmt, entscheidet der vorherige Erzähler. Dadurch muss auch dieser aufmerksam aufpassen, ob auch alles richtig wiedergegeben wurde.

Geheimsprache

Gleich als Auflockerung verpackt, wird der neue Buchstabe „M" jedem Wort vorangestellt und muss „übersetzt" werden.
„Macht **m**euer **M**eft **m**auf!"
Kinder, die das Voranstellen des „M" erkennen, erhalten für diese tolle Denkleistung einen Denkpunkt (Denkpunkt s. S. 72).

Der Wortschatz der Kinder ist sehr gering

Stellen Sie sich vor ...

Stellen Sie sich vor, Sie beginnen eine neue Arbeit. Die Fachbegriffe dort sind Ihnen weitgehend unbekannt und so sind Fehler fast unvermeidlich. Dies ist in den ersten Tagen der Schulzeit für einige Kinder aus bildungsfernen Elternhäusern Alltag. Diese haben einen anderen Sprachschatz als Pädagogen aus der Mittelschicht.

Selbst etwas für uns scheinbar so Einfaches wie z. B. die Frage „Welche Zahl kommt dahinter/danach?" kann zu Irritationen führen. Gemeint ist, welche Zahl der Nachfolger ist. Obwohl Vorgänger und Nachfolger natürlich geübt waren (Zählen, Zahlenstrahl etc.), wurde von Eltern glaubhaft versichert, dass die Wörter „dahinter/danach" für Ihren Sohn/ihre Tochter lediglich in anderen Kontexten bekannt seien: „Das weiß mein Sohn/meine Tochter nur vom Spazierengehen. Da läuft der Opa dahinter/danach". Die Bedeutung dieser Wörter für den schulischen Kontext muss also zunächst neu erarbeitet und mit Inhalt gefüllt werden, ansonsten kommt es zu Verständnisschwierigkeiten.

Gleiches gilt für die Aufforderung: „Schau dir das noch einmal an." Hier wird oftmals mit einem wütenden „Hab ich doch" geantwortet. Auch hier versicherten die Eltern, dass der Junge nach sechs Wochen Schule immer noch wirklich nur das „Schauen" mit dieser Aufforderung verband und nicht etwa eine Überprüfung zur Verbesserung der Aufgabe.

Das schöne Wort „Sprach-Schatz" weist uns eigentlich den Weg. Wer genügend Wörter zur Verfügung hat und diese anzuwenden vermag, birgt in sich etwas sehr Wertvolles.
Einen Schatz muss man heben, sammeln, hüten. Eine tolle Arbeit, die da auf uns wartet.
Es ist eine unserer Aufgaben, Klarheit über die zu verwendenden Begriffe zu verschaffen und sie mit Bedeutung und Inhalt zu füllen, sodass sie verstanden und angewandt werden können. Ebenso ist es Aufgabe, ein Empfinden für die Schönheit unserer Sprache zu schaffen.

Schon gefragt ...

- Verwende ich geklärte Begriffe?
- Erkläre ich die Bedeutung von Begriffen, wenn sie zum ersten Mal verwendet werden?
- Kläre ich unbekannte Begriffe?
- Weise ich auf besonders schöne Worte hin?
- Lasse ich originelle, gängige oder gute Formulierungen wiederholen?
- Lasse ich den Schülern Zeit zur Begriffsfindung?

Weitere Ideen

Klassenstofftier

Generell bietet es sich an, sich einen „kleinen Helfer" für den Unterricht als Unterstützung zu besorgen. Ein Klassenstofftier bietet da gute Möglichkeiten, den Schülern zu helfen, sie zu trösten und zu motivieren. Es lassen sich herrliche Rollenspiele initiieren oder aber Fehler demonstrieren, die die Schüler dann erkennen müssen.

Das Klassenstofftier stellt sich dumm

Hierbei können spielerisch Arbeitstechniken sprachlich begleitet und eingeübt werden.
Sie lassen die Schüler, die schon gut zurechtkommen, mit der Aufgabe beginnen. Mit den übrigen Schülern erarbeiten Sie eine sprachliche Handlungsabfolge für die geforderte Tätigkeit. So sollen die Schüler dem Klassenstofftier möglichst genau beschreiben, was bei der Aufgabe oder Tätigkeit zu tun ist, sodass das Klassenstofftier dies auch richtig erledigen kann. Wird etwas nicht genau genug beschrieben oder gar ein Schritt vergessen oder die Reihenfolge nicht eingehalten, so fällt dies auf, wenn das Klassenstofftier strikt nach Anweisung arbeitet und dementsprechend Fehler macht.

Tipp:

Meine Erfahrung ist, dass sich Kinder auch überschätzen. Natürlich können die meisten beispielsweise ausschneiden, aber sie gehen dabei mitunter unstrukturiert vor. Wenn wir diesen Arbeitsstil übersehen und somit tolerieren, prägt er sich für sehr lange Zeit ein und verhindert unter Umständen gedankliche Klarheit und sehr gute Leistungen.
Das Klassenplüschtier (in meiner Klasse „Mimi" genannt), stellt sich also dumm und alle beraten gemeinsam, wie man die Aufgabe Schritt für Schritt erklären kann.

Beispiel:

Die Aufgabe ist, das Wort Papa und Mimi zu kleben. Die Buchstaben müssen vorher ausgeschnitten werden.
Mimi (unser Klassenstofftier) ist verzweifelt und findet ihre Schere nicht.
Lehrerin: „Mimi, bleib ganz ruhig! Guck mal, da ist die Schere und da das Blatt."
Nun geben die Kinder Mimi Tipps, wie man vorgehen könnte. Sie macht haargenau das, was die Kinder sagen. Drücken sie sich unpräzise aus, schneidet Mimi beispielsweise an der falschen Stelle. Mimi schneidet nun aus und hat die ganzen Schnipsel vor sich liegen. Plötzlich muss sie niesen und alles fliegt durcheinander. Mimi darf noch mal beginnen; die Kinder dürfen mitmachen: Erst die vier Buchstaben eines Wortes ausschneiden, auflegen, kontrollieren. Natürlich hat Mimi einen Fehler beim Auflegen gemacht. Gut, dass die Kinder helfen können. Nun wird aufgeklebt. Die Restschnipsel liegen oben am Tischrand. Beim Kleben des zweiten Wortes gelingt das Sprechen dazu schon viel besser.

Wörterschatztruhe

Um für unsere Sprache zu sensibilisieren und Neugier für unsere Sprache und einzelne Wörter zu wecken, werden besondere oder besonders interessante Wörter gesammelt. Der Einfachheit halber kann die linke obere Tafelecke genutzt werden, um sie zu notieren. Wenn es zirka fünf Wörter sind, werden sie jeweils auf einen Zettel geschrieben und die Kinder, die sie eingebracht haben, dürfen dazu etwas malen. Die Zettel mit diesen Wörtern kommen dann in die „Wörterschatztruhe".

Beispiele:

„Denkis"

Eine Schülerin freute sich, als sie meine Denkpunkte sah: „Ah, Frau Wolff hat ihre Denkis mitgebracht!" (Denkpunkte s. S. 72). So wurde das Wort „Denkis" mit in unsere Wörterschatztruhe aufgenommen.

„Schnuck"

Ein anderes Mal wurde im Morgenkreis erzählt, dass die Mama „Guten Morgen, Schnuck" sagt. So kam auch das Wort „Schnuck" in unsere Wörterschatztruhe.

„Addition"

Ebenso wurde auch das Wort „Addition" aufgenommen, als ich nebenbei einmal einstreute, große Kinder würden zum Plus-Rechnen auch Addition sagen.

„mit den Kindern"

Die grammatische Wendung „mit den Kindern" war mein Favorit, da viele Schüler gerne die fehlerhafte Wendung „mit die Kinder" nutzen. Damit konnte ich die korrekte grammatische Form zur besonders schönen Wortwahl machen.

„Wunschzettelsortiermaschine"

Zu Weihnachten gab es in einer Geschichte das Wort „Wunschzettelsortiermaschine". Die Kinder waren begeistert, wie lang das Wort ist und wie viele Silben es hat.
Am nächsten Tag erweiterte eine Schülerin das Wort zum „Weihnachtswunschzettelsortiermaschinenraum", welches natürlich in der Wörterschatztruhe landete.

Begriffe mit der Nase merken

Wenn sich Kinder bestimmte Begriffe partout nicht einprägen können, ist es eine gute Möglichkeit, weitere Sinneskanäle zu nutzen. So kann man den Schülern den zu merkenden Begriff auf einen schönen oder farbigen Zettel schreiben und diesen mit einem Duft (Duftöl, Aroma, Parfüm) besprühen. So riecht dann beispielsweise das Wort Vorgänger und kann sich gleich viel besser gemerkt werden.

Lose ziehen

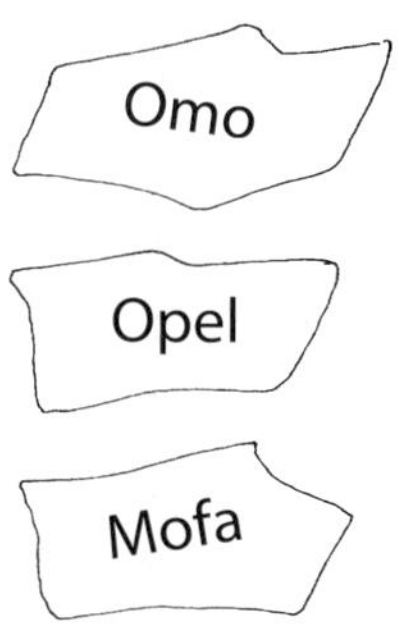

Sobald die Kinder einige Buchstaben lesen können, dürfen an festen Tagen in der Woche (z. B. Dienstag und Mittwoch) jeweils drei Schüler ein Los ziehen. Darauf stehen Wörter, die sie schon lesen können und dann erklären sollen. Besonders Wortschöpfungen, die im Handel auftauchen, eignen sich hierfür. Auch Automarken bieten gute Möglichkeiten. Mir ist schon bewusst, dass es sich meist um Marken handelt, die sich manche vielleicht nicht leisten können, dies gehört jedoch zur Lebenswirklichkeit dazu. Insgesamt werden die Schüler äußerst begeistert sein, dass sie schon richtige Wörter erlesen können.

Je nachdem, welche Buchstaben bereits eingeführt sind, eignen sich verschiedene Wörter. Auf den Zetteln sehen Sie drei Beispielwörter. Toll wäre es natürlich, zusätzlich Bilder zu den Begriffen anzubieten.

Die Kinder ermüden so schnell

Stellen Sie sich vor …

Stellen Sie sich vor, Sie haben eine neue Tätigkeit begonnen, die zwar sehr interessant ist, aber auch äußerst anstrengend. Hinzu kommt, dass Sie dabei fast ständig sitzen müssen.

So ergeht es unseren Schülern. Die vielen neuen Eindrücke und die geringe Konzentrationsspanne in diesem Alter lassen unsere Kinder wirklich schnell ermüden. Eine Elternversammlung könnte zum Anlass genommen werden, auf die Bedeutsamkeit eines geregelten Tagesablaufes hinzuweisen, inklusive eines rechtzeitigen Zubettgehens. Auch exzessiver Fernseh- und Computergebrauch kann zu großer Müdigkeit führen.

Schon gefragt …

- Habe ich an ausreichend Methodenvielfalt gedacht?
- Habe ich Bewegung in den Unterrichtsablauf eingebaut?
- Ist genügend Tätigkeit für die Kinder dabei?
- Reicht die Anschauung?

Bewährte Tipps

Wenn schon Pausen gemacht werden, dann können sie auch gleich sinnvoll genutzt werden: IMMER AM THEMA verbinden wir altbewährte Spiele mit neuen pädagogischen Inhalten.

Stille Post (nach turbulenten Unterrichtsphasen)

Die Kinder sitzen im Kreis. Der Lehrer flüstert seinem linken Nachbarn etwas ins Ohr, dieser muss das Gehörte wiederum seinem linken Nachbarn zuflüstern, so lange, bis die Nachricht beim rechten Nachbarn des Lehrers angekommen ist. Dieser muss das Verstandene laut sagen.
Sätze, bei denen es sinnvoll ist, sie auf die Reise zu schicken:

- Heute ist Montag, der erste Tag in der Woche (oder wahlweise andere Wochentage)
- Unsere Schulleiterin heißt …
- Oma fängt mit O an, Olaf auch.
- Ein Hund hat vier Beine, zwei mehr als ein Huhn.
- …

Variation: Bei sehr großen Klassen könnten zwei Gruppen sowie ein Außen- und ein Innenkreis gebildet werden. Die Schüler des Außenkreises treten einen Schritt zurück und versuchen, die Mitteilung des Innenkreises zu erlauschen.
Auch bankreihenweises Flüstern wäre möglich.

Denkpunkt: Die Kinder werden gefragt, warum wir wohl in der Schule so ein Kindergartenspiel spielen. Wer darauf kommt, dass wir zuhören und deutlich sprechen lernen wollen oder uns genau diesen Satz merken oder Ähnliches, bekommt einen Denkpunkt (Denkpunkt s. S. 72).

Veränderungsspiel (nach viel mündlicher Arbeit)

Nachdem die Kinder die Grundordnung auf ihren Tischen kennengelernt haben (z. B.: Ranzen hängt am Haken, Federtasche links oben, Hausaufgabenheft darunter...), schauen sich alle Kinder ihren Platz noch einmal an. Dann werden zwei oder drei Schüler nach draußen geschickt und an deren Platz etwas durcheinandergebracht. Die Schüler von draußen dürfen wieder hereinkommen und müssen das Veränderte benennen.

Differenzierung: Je nach Auffassungsgabe des Schülers kann eine größere oder eine kleine Veränderung vorgenommen werden (z. B.: Federtasche unter die Bank, Hausaufgabenheft aufschlagen, Reißverschluss der Federtasche ein wenig öffnen o. Ä.). Sprachlich sehr unsichere Kinder dürfen die Veränderung auch zeigen.

Zuordnungsspiel (nach großer Anstrengung)

Bewegungsspiele können ebenfalls zur Aktivierung des Denkens genutzt werden, z. B. durch Zuordnungen.

Beispiel:

1. Alle Schüler stehen auf, wenn ich Wörter nenne, die mit M beginnen (Motor, Oma, Schule, Maschine, Möbel, Marcus ...)
2. Alle Schüler stehen auf, wenn ich etwas nenne, das vier Beine hat (Tisch, Kuh, Mensch, Schule, Hund ...)
3. Alle Schüler stehen auf, wenn ich Dinge nenne, die zur Schule gehören (Heft, Stift, Bett, Buch, Tasse, Puppe)
4. ...

Variationen: Hintereinander ganz viele Wörter nennen; schön schnell macht es besonders viel Spaß.

Wenn Sie es sich zutrauen, lassen Sie die Schüler bei jedem weiteren Wort etwas größer werden: aus dem Schneidersitz hinhocken, aufstehen, sich strecken, hochspringen.

Auf dem Schulhof oder im Sportunterricht können die Bewegungen dazu erweitert werden. Statt aufzustehen, können drei Ecken gewählt werden: für M im An-, In- und Auslaut.

Bei großen Klassen kann sitzreihenweise vorgegangen werden: Eine Reihe spielt das Zuordnungsspiel und eine Reihe beobachtet, ob es leise, kameradschaftlich und schnell ging.

Denkpunkt: Für Schüler, die die genannten Begriffe auch erklären können. (s. S. 72)

Denkpunkt: Wenn Kinder erklären können, warum auch eine Tasse zur Schule gehören könnte (weil die Lehrerin ihren Kaffee daraus trinkt).

Die Kinder halten nicht durch

Stellen Sie sich vor ...

Stellen Sie sich vor, Sie hatten acht Wochen Urlaub. Danach werden Sie von Ihrem Betrieb in eine Außenstelle geschickt, in der neue Pflichten auf Sie warten. Die Eindrücke überfluten Sie. Sie müssen aber konsequent Ihre Aufgaben zu Ende führen. Das fällt schwer.

Kinder können zu Beginn der Grundschulzeit maximal 20 Minuten einer gleichförmigen Tätigkeit nachgehen. Natürlich variiert das individuell. Fernseh- und computergewöhnte Schüler sind außerdem auf ständig wechselnde Bilder und unterschiedliche Aktivitäten geeicht. Dies kann im Frontalunterricht jedoch auch genutzt werden. Pädagogisch sehr wirksam arbeitet hier das Team der „Sendung mit der Maus". Nach einer kindgerechten Erklärung, die am Wissen der Kinder ansetzt, aber auch das Mitdenken durch rhetorische Fragen herausfordert („Könnte das so sein?"), kommt die Maus und sorgt für eine kurze Pause durch ihre Zeichentrickeinlage. Danach wird mit einer kurzen Zusammenfassung weitergemacht.

Einige offene Unterrichtsformen verlangen von den Kindern allerdings oft schon ein Höchstmaß an Selbstdisziplin. Es wird eine Entscheidung verlangt (Welche Aufgabe wähle ich zuerst?). An dieser Aufgabe soll der Schüler möglichst diszipliniert bis zum Ende arbeiten; egal, was um ihn herum passiert.

Schon gefragt ...

- Habe ich Pausen eingeplant?
- Sind Teilziele sichtbar?
  Schritt für Schritt an der Tafel oder im Heft abhaken
- Habe ich genug motiviert?
  Kleine Belohnung in Aussicht stellen: z. B. Wenn die Aufgabe geschafft ist, singt das Klassenstofftier mit euch, darf gezeichnet werden o. Ä.
- Ist genug differenziert?
  Quantität reduzieren:
  Nur eine Aufgabe pro Blatt, die Masse erschlägt mitunter (Aufgaben abschneiden und einzeln verteilen)
  Entscheidungsmöglichkeiten abnehmen:
  bei Wochenplänen Tagesaufgaben farblich kennzeichnen (erleichtert die Qual der Wahl), bei Tagesplänen die Reihenfolge der zu erledigenden Aufgaben vorgeben
  Form der Bearbeitung variieren:
  schreiben oder stempeln, kleben oder zeichnen ...

Bewährte Tipps

Nacharbeiten

Nicht zu unterschätzen ist das gute, alte Nacharbeiten. Kinder, die auch nach mehreren individuellen Ansprachen andere Dinge der Arbeit vorziehen, sollten die Gelegenheit bekommen, nachzuarbeiten. Dies muss bei Grundschulkindern natürlich mit den Eltern abgesprochen sein. So wird das Fehlende zu Hause nachgeholt oder auch in der Schule.

An unserer Schule besteht dazu immer mittwochs in der fünften Stunde die Gelegenheit. Eigentlich ist dies für größere Schüler zum Hausaufgabennachholen gedacht, bietet sich jedoch ebenfalls zum Nacharbeiten für die Kleineren an. Beaufsichtigt wird diese Zeit von verschiedenen freiwilligen Kollegen.

Weitere Ideen

Puzzle

Puzzleteile eignen sich besonders gut, um beispielsweise Teilziele zu einem Gesamtziel visuell zusammenzufügen. Hierbei kann man die Puzzleteile entweder für die Klasse oder für den einzelnen Schüler zu einem Gesamtziel zusammenfügen. So kann mit den Puzzleteilen z.B. ein Foto entstehen oder ein Bild, welches die Schüler besonders motiviert.
Die Schüler können z.B. nach Fertigstellung der Aufgaben jeweils ein Puzzleteil in ihre Hefte einkleben. So können Autofans ein Bild eines Autos oder Pferdefans ein Bild eines Pferdes Schritt für Schritt „erpuzzlen" usw.
Diesbezüglich können Sie die Puzzlevorlage von Seite 63 auf die Rückseite eines ungefähr passenden Bildes kleben und die Puzzleteile ausschneiden. Schon haben Sie schnell individuelle und verschiedene Puzzles hergestellt.

Trainings-/ Übungsplan

Für gleichförmige Übungen sammeln die Schüler Unterschriften des Lehrers (unter Anleitung kann man auch die Schüler selbst unterschreiben lassen). So könnte die Aufgabe lauten, Buchstaben schreiben zu üben. Haben die Schüler jeweils drei Zeilen geschafft, erhalten sie hierfür eine Unterschrift. Haben sie 10 dieser Aufgaben erledigt und eine Unterschrift, könnte eine Belohnung folgen.
Abgewandelt kann auch die Qualität der Ergebnisse im Trainings-/ Übungsplan festgehalten werden, indem diese durch festgelegte Zeichen markiert wird (s. S. 16).

Beispiel:

– sauberer arbeiten

○ gut/schon besser

× hervorragend

	Isa	Robert	Paul	Lia	Cheyenne
1	×				
2	–				
3	○				
4	×				
5	–				
6	○				
7	○				
8	○				
9	○				
10	○				

Abwandlung: Mit jedem „gut“ oder „hervorragend“ erhalten die Schüler einen Buchstaben (zu erlesen mit Anlauttabelle oder mit Hilfe), sodass sich nach und nach entweder ein Lösungswort oder ein Ort ergibt, an welchem eine Belohnung/Belohnungsaufgabe versteckt ist.

Zum Beispiel: R O T E E C K E

Tierbild

Zu Beginn der Woche suchen wir uns ein Tier aus, was uns helfen und begleiten wird. Ein tolles Bild dieses Tieres hängt dann an der Tafel, darunter steht: „Ich bin so schnell wie ein Pferd“. Bei Träumereien und Trödeleien reicht ein kleiner Fingerzeig auf unser „Hilfstier“ (Kopiervorlagen „Tierbilder“ ab S. 64).

Differenzierung: Dies funktioniert auch für einzelne Schüler. Dazu kann das Bild auf den Schülertisch geklebt werden.

Die Kinder fragen immerzu nach

Stellen Sie sich vor …

Stellen Sie sich vor, Sie haben eine Aufgabe bekommen. Das Ziel ist Ihnen klar. Sie kennen aber den Weg nicht und wollen bei Ihrem neuen Arbeitgeber nicht ins Fettnäpfchen treten und alte Gewohnheiten aushebeln. Auch bei der Wahl der Arbeitsmittel sind Sie unsicher. Würden Sie nicht auch das Motto wählen: „Lieber dreimal fragen, als einmal Ärger?"

Die neue Schulsituation überfordert einige Kinder zunächst. Bei geringem Selbstbewusstsein wollen sich die Kinder immer wieder versichern, dass sie richtigliegen.
Manche Schüler allerdings hören einfach nicht zu und verlassen sich auf nachfolgende, individuelle Erklärungen. Hier bewegen wir uns als Lehrer wieder auf dem schmalen Grad zwischen nötigem Zuspruch und sanftem Zwang.

Schon gefragt …

- Ist die Arbeitsform genügend gesichert?
  Gerade bei tollen Lernspielen verbrauchen die Kinder viel Energie für das Entschlüsseln der Arbeitsweise. Der Lerngegenstand wird dann gar nicht mehr genug wahrgenommen.
- Wissen die Kinder, wo sie die Arbeitsmittel finden?
- Bekommen sie genug Bestätigung und Zuspruch?
  Manche brauchen nur einen Anfangsimpuls und das Gefühl, dass jemand an ihre Fähigkeiten glaubt.
- Achte ich beim Erklären auf eine möglichst gleiche Wortwahl?
  Es ist für die Schüler immer schwierig, wenn für ein und dasselbe immer wieder unterschiedliche Begriffe verwendet werden, auch wenn diese das Gleiche bedeuten.
- Gebe ich die Einzelschritte langsam und nacheinander durch oder verlange ich zu viel auf einmal?
- Denke ich an die Veranschaulichung/Visualisierung?

Bewährte Tipps

Helfer/Experten

Nicht nur bei der Werkstatt- oder Wochenplanarbeit eignet sich das Helfer-Prinzip. Schüler, die ihre Aufgabe erfüllt haben, können Zusatzaufgaben wählen oder sich der ehrenvollen Aufgabe als Helfer widmen, indem sie die anderen Schüler als Ansprechpartner unterstützen, wenn diese Fragen haben. An die Helfer dürfen sich die anderen Kinder dann bei Fragen wenden. Dies hilft sowohl den Schülern, die Unterstützung benötigen, als auch denen, die Ansprechpartner sind. Die einen können sich an einen Schüler wenden und bekommen es von einem Gleichaltrigen erklärt; die anderen erfahren, dass ihre Leistungen und Fähigkeiten geschätzt werden, wiederholen den Lernstoff mit ihren eigenen Worten, festigen ihr Wissen durch die Erklärungen und trainieren, Sachverhalte zu verbalisieren.
Ebenso funktioniert das Prinzip der Experten. So können sich einige Schüler als Experten für bestimmte Aufgaben ausbilden (z. B. im Rahmen der Wochenplanarbeit) und bei Nachfragen zu diesen von den

anderen Schülern angesprochen werden. Häufen sich die Fragen allerdings zu sehr, sollte der Lehrer die Aufgabe noch einmal für die ganze Klasse erklären.

Lernpatenschaften

Das wird vielen von Ihnen bekannt vorkommen. Wir können es auch verstärkte Partnerarbeit nennen. Der schneller Lernende hilft dem langsam Lernenden und so manche Erklärung durch Kindermund kommt besser an, als wir es vermuten. Auch der Erklärer profitiert durch die geforderte korrekte Verbalisierung.

Individuelle Hinweise

Wenn ein Kind bewusst nicht zuhört, muss es die Konsequenzen auch einmal erfahren und tragen. Zunächst sollte die Erwartung an den Schüler ganz klar formuliert werden. Es sollte deutlich betont werden, dass man darum bittet, dass der Schüler auch nach allgemeiner Aufforderung seinen Aufgaben nachkommt. Sollte dies nicht klappen, so kann z.B. das kurz zuvor erklärte Lernspiel nicht mitgespielt werden, wenn bei der Erklärung nicht zugehört wurde und das Spiel somit nicht verstanden wurde.
Manche Schüler benötigen dazu jedoch immer wieder einen individuellen Impuls. Hierfür können wir Hilfen vereinbaren:

- allgemeine Ansprache und ein zusätzliches Klopfen auf den Tisch als Signal
- allgemeine Ansprache und das Klassenstofftier zeigt dem Schüler, dass er aufpassen muss

Beispiele geben

Erklären Sie und machen Sie jeden Schritt dabei vor.
Oder lassen Sie einen anderen Schüler nach Ihrer Anleitung arbeiten.
Möglich ist auch, einen Schüler erklären zu lassen und alle anderen handeln danach. Das Handlungsergebnis dient der Kontrolle.

Schritt für Schritt

Besonders mehrteilige Aufgaben führen oftmals zu verstärkten Nachfragen. Geben Sie die Möglichkeit, eine Anleitung Schritt für Schritt durchzugehen.

Weitere Ideen

Frage-Steine

Geben Sie Ihrem Vielfrager drei Steine, Plättchen, Karten oder Ähnliches.
Bei jeder Frage, die er stellt, muss er eines davon abgeben.
Wenn er alle abgegeben hat, hat er seine Frage-Steine ausgeschöpft.
Er wird sich überlegen, ob eine Frage zum gegebenen Zeitpunkt wirklich nötig ist. Wichtig: Hier ist intensive Beobachtung und pädagogisches Fingerspitzengefühl notwendig. Bei echten Problemen muss natürlich geholfen werden. Somit eignet sich diese Methode auch wirklich nur für absolute Vielfrager.

Hilfekreis

Jedes Kind erhält eine Wäscheklammer mit seinem Namen. An der Wand hängt ein Pappkreis mit der Aufschrift: „Ich brauche Hilfe".
Kinder, die nicht weiterkommen, dürfen die Klammer mit ihrem Namen dort befestigen und der Lehrer kommt dann sobald möglich.
Der Vorteil: Kein Gezupfe am Lehrer, kein lauter Wortwechsel.
(Kopiervorlage s. S. 72)

Die Kinder können keine Ordnung halten

Stellen Sie sich vor …

Stellen Sie sich vor, bei Ihrer neuen Arbeitsstelle gibt man Ihnen eine Kiste mit Fächern und eine Mappe, mit der Sie Ihre Arbeitsmittel, die täglich variieren, transportieren müssen. Hinzu kommt im Büro eine Ordnung, die Sie nicht durchschauen. Innerhalb des Büros lässt ihr Chef Sie immer wieder mit neuen Dingen hantieren. Ihr Kollege ist nett und hilft Ihnen, alles richtig in die Fächer und die Mappe einzusortieren.

Viele Schüler haben ihre Schwierigkeiten mit der für sie neuen Ordnung in der Schule.
Die vielen neuen Arbeitsmittel erfordern eine Grundordnung. Leider wächst diese nicht immer mit den Kindern, sondern wird (meistens) vom Lehrer vorgesetzt. Diese zu durchschauen – auch wenn sie erklärt wurde – erfordert eine große Anstrengung. Die eigenen Arbeitsmittel müssen auch noch für den nächsten Tag gepackt werden. Verständlich, aber nicht unbedingt hilfreich, dass viele Eltern diesen Part für die Schüler übernehmen. Für den Start ist dies sicherlich förderlich, sollte aber mit der Zeit auch an die Kinder abgegeben werden.
Das lieb gemeinte „Das schwere Buch dürft ihr heute in der Schule lassen" einiger Kollegen vervollständigt das Chaos, denn nun weiß das Kind gar nicht mehr, wo es zuerst suchen soll.
Das tägliche gemeinsame Taschepacken zu Hause, um nichts zu vergessen (wobei der Schüler noch einmal in jedes Heft schauen kann und sich so erinnert, was dran war und stolz sein kann) sowie mindestens eine wöchentliche Federtaschenkontrolle werden meines Erachtens nach oftmals vernachlässigt.
Ähnliches gilt für die Arbeit mit dem Hausaufgabenheft. Mit dem Training dieser Ordnungstechnik kann nicht früh genug begonnen werden.

Schon gefragt …

- Ist mein Klassenraum klar genug strukturiert?
- Könnten Symbole und Farben unterstützen?
- Sind mit den Eltern die Schultaschenordnung und das gemeinsame Vorbereiten der Schultasche besprochen worden?
- Kennen die Kinder ihre Arbeitsmittel? Wurde dies ausreichend geübt?

Bewährte Tipps

Klassenstofftier

Das Klassenstofftier geht durch die Reihen und vergibt Stempel für den ordentlichsten Platz.

Such-Spiel

Wer findet am schnellsten das rote Schreibheft, das blaue Matheheft, …?
Wer weiß, wo das Tafellineal hängt?

Natürliche Konsequenz

Vorsicht: Kinder, die von zu Hause aus keine oder nur wenig Ordnung gewöhnt sind, sollten hier nicht vorgeführt werden!
Sollte eine Aufmerksamkeitsstörung vorliegen, hilft nur Reduktion und Strukturierung! Einigen aber ist das Aufräumen auch nach vielen Hilfen einfach zu mühselig und so müssen sie eben die Konsequenzen erfahren. Sie können dann bei zu viel Unordnung auf ihrem Tisch den schönen Drachen nicht aufkleben, da kein Platz auf dem Tisch ist oder sie den Kleber einfach nicht finden können. Ebenso kann nicht mit dem wunderschönen gelben Stift gemalt werden, wenn man diesen in seinem Chaos nicht finden kann oder er sich irgendwo im Gewühl der Schultasche versteckt.

Ich sehe was, was du nicht siehst (auf Schulsachen bezogen)

Hierbei darf nur die jeweilige Farbe der Schulbücher und -hefte genannt werden. Diese liegen bei allen Schülern auf dem Tisch. Wenn ein Rateversuch gemacht wird, nehmen alle das entsprechende Arbeitsmittel in die Hand und benennen es richtig. So prägt sich ein, was alles zu Deutsch (blau) und Mathe (rot) gehört.

Variation1:

Es wird die Farbe der Dinge genannt, die im Klassenraum immer wieder benannt werden.
Z. B.: Tafel, Rechengerät, Zahlenstrahl, Lesegerät …

Variation 2:

Wenn Sie vorher farbige Striche an die Tafel malen, können gleichzeitig Richtungsangaben geübt werden:
Beispiel: „Ich sehe was, was du nicht siehst und das sieht blau aus."
„Die Gardine?" „Nein!" „Der Füller?" „Nein!" „Der blaue Strich links oben an der Tafel?"
Die Kinder müssen hierfür sehr präzise und korrekt formulieren.

Weitere Ideen

Von oben schauen

Die Kinder sind klein. Sie überblicken ihr Chaos auf dem Schultisch nicht. Lassen Sie sie aufstehen, von oben schauen und so aufräumen. Die veränderte Perspektive kann helfen, alles besser zu überblicken und so leichter Ordnung zu schaffen.

Eindeutige Bilder

Kopieren Sie die Vorderseite der Bücher farbig und laminieren Sie diese. Als Hilfe, wenn das Buch benötigt wird, hängen Sie dann diese kopierte Vorderseite des Buches an die Tafel. Dies kann dann bei Bedarf auch mit dem entsprechenden Symbol für das jeweilige Buch gekoppelt werden. Wir haben zum Beispiel ein Arbeitsheft mit einem Kreis und eines mit einem Kreuz. „Schlagt das Mathebuch (zeigen), das rote Buch mit dem Kreuz, auf." Nach und nach geht dann die korrekte Bezeichnung in den Sprachgebrauch über. Die Kinder wissen dann, was mit Mathebuch gemeint ist.

Anschauliche Vergleiche

Verweisen Sie auf den Unterschied zwischen Plätzen und lassen Sie die Arbeitsmittel nach dem Vorbild richtig hinräumen.

Die Kinder haben keine Orientierung in ihren Heften

Stellen Sie sich vor ...

Stellen Sie sich vor, Sie müssten in Russland eine neue Stelle antreten. Sie sprechen russisch, schreiben es aber nicht. Um zu üben, gibt Ihnen Ihr Trainer ein Heft mit ganz vielen kleinen Zeilen. Sie fragen sich, wo wird nun welcher Buchstabe hingeschrieben?
Zu allem Überfluss sollen Sie Ihre Terminverwaltung schon in Russisch führen, in einem Terminplaner, dessen Aufbau Sie noch nicht durchschaut haben.
Den meisten Kindern ist das Schreiben als solches schon bewusst, allerdings stellt sie das Orientieren in den Zeilen und im Heft zunächst vor große Probleme.

Schon gefragt ...

- Wird das Vorgehen am Anfang möglichst oft am echten Objekt gezeigt?
- Für manche Kinder ist die Tafel etwas völlig anderes als das Heft, auch wenn sich die Zeilen ähneln.
- Bekommen die Kinder eine Schritt-für-Schritt-Anleitung, die sie auch selbst verbalisieren?
- Denke ich bei meinen Erklärungen auch an Linkshänder?

Weitere Ideen

Links-Rechts-Übungen

Das Klassenstofftier kann z. B. immer an der linken Seite sitzen und so eine Erinnerungshilfe sein.
Ein Fortbildungsleiter schlug einmal vor, einem Plüschtier den Namen „Präp" zu geben. Präp sitzt bei dem Schüler, der rechts und links verwechselt, immer auf der linken Schulter. Nach einer gewissen Zeit kann Präp weg, der Schüler spürt aber immer noch den Druck an der linken Seite. Später kann Präp auch *auf* den Tisch oder *in* die Schublade. So können später auch die Präpositionen geübt werden.

Schreibhilfe

Ziehen Sie an der linken Heftseite des Schülers einen bunten Strich. So kann sich leichter gemerkt werden: „An dieser Seite geht's los!"

Wohnzimmer tapezieren (Schreiblinien einteilen)

Die Einteilung in Keller, Wohnzimmer und Dachboden bei den Zeilen ist den meisten bekannt, dennoch verrutschen die Kinder in den Zeilen.
„Tapezieren" Sie bei Kindern mit Schwierigkeiten das Wohnzimmer. Dieser Zeilenbereich bekommt einen zarten Pastellton.

Tipp:

Eine gute Möglichkeit stellen auch die Schreibhefte von **www.troxler-wertkstaetten.de** dar. Diese können nach individuellen Bedürfnissen zugeschnitten und bestellt werden. So kann zwischen verschiedenen Lineaturen (auch Lineaturen für sehschwache und motorisch behinderte Menschen) ausgewählt werden und mit verschiedenen Umschlagfarben, Seitenstärken und Heftgrößen kombiniert werden. Ganz so, wie es für Ihre Schüler am besten passt.

Zeigefinger

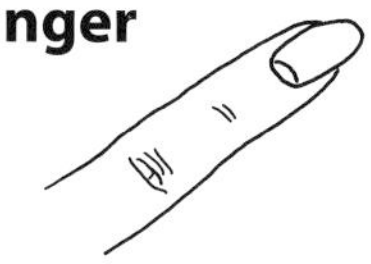

Der Finger ist etwas ganz Besonderes. Er ist „wie durch Zauberei mit dem Auge verbunden" und zeigt immer dahin, wo gerade gearbeitet wird. So kann dieser u.a. helfen, Wort für Wort zu lesen und dabei nicht zu verrutschen.

Lesehilfe/Lesepfeil

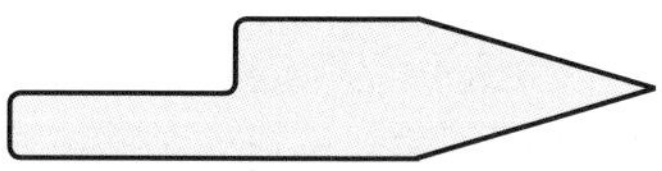

Eine Lesehilfe in Pfeilform mit Einkerbung hat sich als Renner erwiesen. Er zeigt so immer wieder die Leserichtung und dabei aber genau das Wort, welches man gerade liest. I-Tüpfelchen ist eine Lesehilfe aus farbigem Pergament, um das später folgende, wortgruppenweise Lesen nicht zu blockieren. (Kopiervorlage s. S. 63)

Hausaufgabenheft

Die Arbeit mit dem Hausaufgabenheft von Anfang an ist natürlich sehr schwierig, lohnt sich aber.
Zunächst werden den einzelnen Unterrichtsfächern Farben (vorzugsweise die der Bücherumschläge) zugeordnet, später dann Buchstaben (D, M ...) oder ganze Wörter (Deutsch, Mathe ...).
Die unteren äußeren Ecken der Seiten werden bis zur aktuellen Woche abgeschnitten, sodass man schnell bis zu dieser blättern kann.
Wer einen traditionellen Fibellehrgang durchführt, kann die Woche auch zur A-Woche machen, wenn dieser Buchstabe gerade eingeführt wurde (auch eine sehr gute Rückmeldung für die Eltern).
Die Abschnitte für die einzelnen Tage werden zeigend abgezählt, sodass jeder weiß, wo sich im Hausaufgabenheft welcher Tag befindet: „Montag, Dienstag, Mittwoch... Ah, hier wird also die Hausaufgabe eingetragen." Recht bald können die Farben dann durch die Abkürzungen für die Fächer (zunächst MA für Mathe) ersetzt werden. Mit weiterer Buchstabenkenntnis folgen auch die anderen Fächer.
Anstelle der Farben können natürlich auch Symbole für die Fächer verwendet werden.
Besprechen Sie mit Eltern, Horterziehern oder Tagesmüttern die Technik des Abhakens von fertigen Hausaufgaben.
Der Stolz auf Erledigtes und die Gewissheit, den Überblick über Aufgaben zu haben, kann durch nichts ersetzt werden.

Die Kinder arbeiten zu langsam

Stellen Sie sich vor ...

Stellen Sie sich vor, Sie müssen Fenster putzen. Sie schauen nach draußen und sehen die Nachbarin. Natürlich müssen Sie erst mal das Neueste besprechen. Dann glitzert die Sonne und Sie geraten ins Träumen ... Ruck zuck ist eine Stunde um.
So schnell ist die Zeit auch bei unseren Kindern weg.
Ich geh hier davon aus, dass feinmotorisch keine gravierenden Störungen vorliegen.
Zum Thema der Aufmerksamkeitsstörung gibt es noch extra Hinweise in diesem Buch (s. S. 53).
Insgesamt sollten wir aufpassen, dass wir die sogenannten „Träumerchen“ – weil sie ja immer leise sind – nicht übersehen.

Schon gefragt ...

- Haben die Schüler überhaupt eine ungefähre Zeitvorstellung?
- Geben Sie regelmäßig Hinweise, auf die sich die Kinder verlassen können?
  Z. B.: „Noch 5 Minuten“. Lernen kann nicht immer Spaß machen. Diese Erkenntnis bekommen die Kleinen früher oder später. Sich dann aber eventuell auch mal durchzuquälen, die geforderte Aufgabe dennoch zügig und qualitätsgerecht zu schaffen, bringt den Kindern ein großes Gefühl von Stolz und ist für die Willenserziehung von unschätzbarem Wert. Außerdem lernen sie, Zeiträume besser abzuschätzen und ihre Arbeit anzupassen.
- Habe ich versucht, zu motivieren?
  Für die Schüler langweilige Übungen lassen sich in tolle Geschichten verpacken. Das Klassenplüschtier gibt da immer genügend Ansatzmöglichkeiten.
  Z. B.: „Mimi hatte gestern einen schlechten Tag. Sie wollte noch an der Rechentafel (Abakus) rechnen, ist aber gestolpert. Zum Glück ist nichts passiert. Ihre Aufgaben möchte sie aber in fünf Minuten fertig haben. Könnt ihr helfen?“)
  Gebe ich genügend Teilübersichten? (für eine gute Orientierung)
- Lobe ich ausreichend?
- Gibt es Konsequenzen für Schüler, die sich „ ausruhen“?

Weitere Ideen

Sanduhr

Für die berühmten letzten fünf Minuten kann eine Sanduhr aufgestellt werden. Die Kinder sehen so das „Verrinnen der Zeit“ im wahrsten Sinne und bekommen bei regelmäßiger Anwendung ein Gespür dafür.

Zeitkreis

Zerschneiden Sie einen großen Kreis in vier Teile. Bringen Sie jeweils ein Viertel, dann die Hälfte, dann ein Dreiviertel des Kreises an die Tafel an; je nachdem, wie viel Zeit vergangen ist. Das motiviert und gibt Orientierung.

Nach ¼ der Zeit	Nach halber Zeit	Nach ¾ der Zeit	Nach Ablauf der Zeit

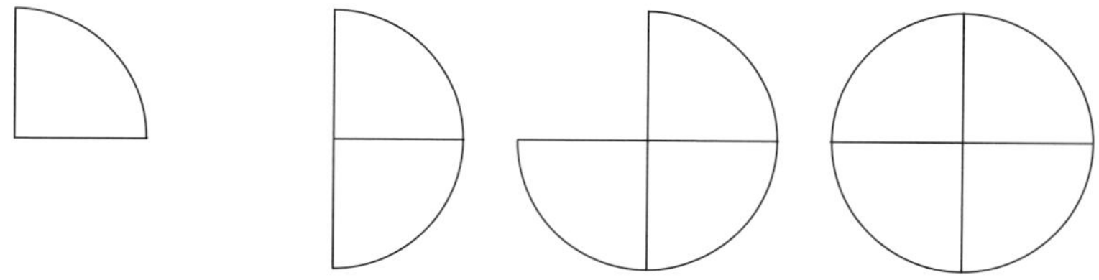

Anstreichen der vergangenen Zeit

Wenn die Kinder mit Wochenplänen arbeiten, haben sie die Wochentage unten oder oben auf dem Plan stehen und können sie abhaken oder farbig markieren. Die Schüler können so besser überblicken, wie viel Zeit ihnen noch verbleibt.

Kurzzeitwecker

Bei gleichbleibenden Übungen (z. B. beim Abschreiben) können Sie einen Kurzzeitwecker stellen. Ziel ist es dann z. B., einen Satz in der vereinbarten Zeit sauber und richtig abzuschreiben. Wenn die Kinder ein Gefühl für einen bestimmten Zeitraum haben, dürfen sie die Menge, die sie glauben in der Zeit schaffen zu können, schätzen. Natürlich sollen dabei die vereinbarten Kriterien wie: saubere Schrift, Rand einhalten, mit Lineal unterstreichen … ebenfalls berücksichtigt werden. Dabei können die Kinder zunächst mit ihrem Tipp ruhig danebenliegen. Insgesamt lernen sie nach und nach, Arbeitszeitspannen zu nutzen.

Stoppuhr

Das Messen der Zeitdauer von Tätigkeiten beim Wechsel von einer methodischen Grundform zur anderen kann sich zu einem „tollen Sport" entwickeln. Wenn am ersten Tag fünf Minuten zum Umpacken gebraucht werden, können es am fünften Tag schon nur noch zwei Minuten sein. Toll!

Die Kinder arbeiten unsauber/flüchtig

Stellen Sie sich vor …

Stellen Sie sich vor, Sie haben versucht, die Kunst der Kalligrafie zu erlernen. Sie sind froh, sich die Bögen und Schwingungen überhaupt gemerkt zu haben. Ihr Lehrer aber weist Sie immer wieder auf für ihn offensichtliche Mängel hin.
Entweder Sie üben nun umso eifriger oder Ihre Motivation wird auf den Nullpunkt sinken.

Um diesen schmalen Grad geht es bei unserer Arbeit als Lehrer. Einerseits sollen die Kinder ermutigt werden, sich immer mehr zuzutrauen, andererseits dürfen sie auch nicht entmutigt werden.

Die formulierten Überlegungen gelten für das schöpferische Erlernen von Grundlagen. Kreative Leistungen sind hier ausdrücklich nicht gemeint.

Schon gefragt …

- Sind die Erwartungen klar formuliert und möglichst anschaulich aufgezeigt?
- Haben die Kinder genug Zeit?
- Gibt es Möglichkeiten der Selbstkontrolle?
- Wissen die anderen Beteiligten (Eltern, Horterzieher…) über vereinbarte Kriterien Bescheid?
- Denken Sie an die Linkshänder?
  Im Heft sollte beispielsweise besser rechts vorgeschrieben werden, sonst ist das vorgeschriebene Wort beim eigenen Schreiben verdeckt und kann nicht als Orientierung dienen.

Bewährte Tipps

Die eigene Arbeit würdigen

Unter das am schönsten geschriebene Wort, den besten Satz etc., je nachdem, was der Schwerpunkt war, darf ein roter Punkt gesetzt werden. Das beste Wort darf farbig nachgespurt werden.

Stempeln

Stempel lassen sich prima als Belohnung, Motivation und Würdigung einsetzen. Ob Stempel mit Wörtern oder Tieren, für die Schüler ist es immer ein Highlight.

Weitere Ideen

Partner belohnt

Die Hefte werden ausgetauscht. Der Arbeitspartner sucht das jeweils beste Wort und setzt einen Punkt darunter. Er sollte dann auch begründen, warum er dieses Wort ausgesucht hat. So werden die Kriterien noch mal abgerufen und verdeutlicht. Hilfreich ist für die Schüler, wenn zusätzlich mit einer Vorlage verglichen werden kann.

Tolle Ergebnisse ausstellen

Die besten Arbeitsblätter, Hefte etc. werden zeitweise in der Ecke des Klassenzimmers ausgestellt: „Besonders toll!"

Sauberes Schreiben

Teilen Sie Pergamentpapier aus. Die Schüler erhalten dann etwas Vorgeschriebenes. Darauf legen sie das Pergamentpapier und versuchen, es möglichst schön sauber nachzuspuren. So erhält dann jeder Schüler ganz leicht eine tolle Vorlage, um die später freihändig geschriebenen Wörter zu überprüfen, ob sie genauso schön geworden sind.

Erfolge bewusst machen

Oftmals lassen wir eine Sache auf immer verschiedene Weise üben. Wenn es um die Sauberkeit und Gründlichkeit geht, ist es auch legitim, die gleiche Aufgabe zu einem späteren Zeitpunkt noch einmal erledigen zu lassen. Beide Ergebnisse können dann miteinander verglichen werden, wodurch Verbesserungen und Weiterentwicklungen deutlich sichtbar werden. „Schau mal, wie du dich verbessert hast. Weiter so!"

Sprache

Haben Sie sich schon mal gewundert, wie Ihre Stimme am Telefon klingt?
Kindern geht es ebenso. Deshalb: Nehmen Sie sprachliche Äußerungen der Kinder auf. Wenn die Kinder dann Mühe haben, etwas zu verstehen, können Sie das laute und deutliche Sprechen thematisieren. Nehmen Sie entsprechende Verbesserungen auf und machen Sie die Kinder stolz.

Pässe

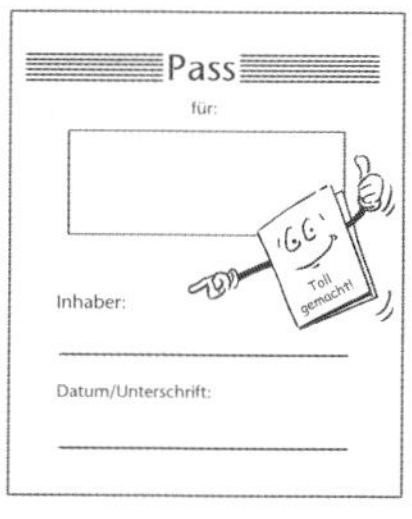

Für die Kinder sind Pässe unglaublich motivierend. Man kann z. B. Pässe für das Erreichen bestimmter Teilleistungen ausweisen. Dadurch sind die Erwartungen und Ziele bereits im Vorfeld klar formuliert und jeder Schüler freut sich. So kann damit klar dokumentiert und ausgewiesen werden, was die Schüler bereits beherrschen; z. B.: alle Buchstaben hören, lesen oder schreiben, ... (Kopiervorlage s. S. 67)

Die Kinder können sich nichts merken

Stellen Sie sich vor …

Stellen Sie sich vor, Sie werden nach einem einschneidenden Ereignis in Ihrem Leben gefragt. Sie erinnern sich vermutlich nicht nur an das Ereignis, sondern mit ziemlicher Sicherheit auch daran, wo Sie sich bei Erhalt dieser Nachricht gerade befanden.

Damit haben wir zwei Bedingungen, die das Merken und Erinnern unterstützen: das emotionale Beteiligtsein und das Festmachen des Gelernten an Orten.

Außerdem: Wie oft haben Sie dieses Erlebnis mit anderen besprochen und darüber geredet?

Es gilt: Wiederholung ist nach wie vor die Mutter der pädagogischen Porzellankiste.

Aber Achtung! Bitte denken Sie an den Unterschied zwischen Wiederholung und Festigung. Wenn eine Sache noch nicht genügend wiederholt ist, nutzt es nicht viel, das zu Lernende immer wieder auf unterschiedliche Arten und Weisen anzubieten, um es zu festigen. Zunächst muss der Lerninhalt ausreichend wiederholt worden sein, bevor er in neuen Arbeitsweisen und Zusammenhängen gefestigt werden kann.

Und schließlich gibt es noch die Ähnlichkeitshemmung. Wie oft wird z. B. geübt, das b und das d zu unterscheiden. Werden beide Buchstaben zu früh gleichzeitig angeboten, kann das eher verwirren als helfen. Ähnliche Lerninhalte sollten daher zunächst gesondert geübt werden.

Schon gefragt …

- Visualisieren Sie das zu Lernende genug?
  (Farben und Orte beachten!)
- Gibt es Rituale zur immer gleichen Wiederholung?
- Setzen Sie Reime, Sprüche und Lieder zum Lernen ein?
  (Das Abc kennen die Kinder, weil sie es singen oder Sprüche dazu aufsagen können)

Bewährte Tipps

Nah dran
Kleben Sie das zu Lernende auf den Tisch des einzelnen Kindes. Ein „b", welches aufgeklebt auf dem Tisch liegt, hilft beim Einprägen der Richtung des Bauches.

Im Chor sprechen
Lassen Sie Merksätze im Chor sprechen, dann (auch einzeln) ganz laut, ganz leise, ganz langsam, ganz schnell, ganz hoch, ganz tief, silbenweise wie ein Roboter …

Reime
Reime bieten sich an, um sich Lerninhalte leichter und spielerisch zu merken (s. dazu S. 32 f.).

Weitere Ideen

Sinnlich

Das zu Lernende (Grundaufgabe oder Wort des Mindestwortschatzes) darf mit Glitzer- oder Duftstift aufgeschrieben werden oder wird mit Parfüm besprüht und das Kind darf dann daran schnuppern. So erhalten die Schüler einen zusätzlichen Sinneskanal, der beim Merken unterstützen kann.

Technik der Orte

Das zu Lernende wird bewusst mit bestimmten Orten des Klassenzimmers oder der Schule verbunden.

- So bekommt eine Ecke des Klassenzimmers den Begriff Nomen. In der nächsten Ecke zeigt sich die Mitteilung, dass sie großgeschrieben werden und in einer weiteren der Hinweis, dass sie einen Begleiter haben.
- Nutzen Sie die Größe des Schulhauses. Marschieren Sie durch die Flure und legen Sie Lerninhalte in Gedanken auf den Fensterbrettern ab oder hängen Sie Lerninhalte symbolisch an die Lampen; je ungewöhnlicher, desto mehr von Erfolg gekrönt.
- Nutzen Sie anderes Personal. Die Sekretärin wird gebeten, dass sie Schülern, die wegen einer Nichtigkeit zu ihr kommen, zwei Grundaufgaben (werden vorgegeben) stellt. Oder der Hausmeister wird gefragt, ob er das „S" von Schraube mal kurz auf den Fußboden schreiben lässt, wenn der Schüler eine solche verlangt.
- Bitten Sie die Eltern, die Grundaufgabe oder das Wort, welches immer noch nicht sitzt, aufzuschreiben und an einen oft besuchten Ort zu Hause zu kleben (kann auch das Bad sein).

Erinnerungspflaster

Eine Variante des Knotens im Taschentuch.
Diese Idee war eigentlich für wichtige Mitteilungen gedacht. Damit die Kinder daran denken, was sie zu Hause erledigen sollen, wird ihnen ein Pflaster z. B. auf den Handrücken geklebt. Die Eltern werden dann vermutlich fragen, was passiert ist und die Kinder erinnern sich.
Abgewandelt könnte man ihnen auch ein Pflaster aufkleben, damit sie sich erinnern, was ein Nomen war, oder wie viele Finger man für die Zahl sechs zeigen muss …

Gedankliche Vorwegnahme

Leiten Sie die Kinder an, sich ihr Arbeitsergebnis schon in Gedanken vorzustellen.

Beispiel:

„Schließ die Augen und stell dir vor, du hast dein großes M schon geschrieben. Ist es ordentlich vom Dachboden bis zum Keller? Sind die Anstriche gerade? Sieh, wie schön deine blaue Tinte aussieht. Gleich wirst du es genauso schön schreiben. Achtung! Mach jetzt die Augen wieder auf, strecke dich noch einmal. Nun schreibe genauso schön."

Die Kinder verstehen Arbeitsanweisungen nicht

Stellen Sie sich vor …

Stellen Sie sich vor, Sie müssten eine neue Arbeit beginnen. Die Büroeinrichtung ist Ihnen ziemlich fremd und es kommt Ihnen vor, als sprächen Ihre Vorgesetzten nicht immer deutsch.
So ungefähr geht es meiner Meinung nach der Mehrzahl der Schulanfänger.
Deswegen muss zunächst sichergestellt werden, dass wir die „gleiche Sprache" sprechen.
Benutzen Sie für die verschiedenen Arbeitsmittel zunächst immer den gleichen Begriff. Schon die Verwendung des Begriffes „Tornister" als Synonym für „Ranzen" oder „Schultasche" kann zu Irritationen führen. Besprechen Sie die zu verwendenden Begriffe im Team.
Achten Sie darauf, dass Ihre Angaben zur Orientierung verstanden werden.
Wie froh würden wir auch sein, wenn es eine schrittweise Vorgehensweise gäbe, die uns Sicherheit gibt im Umgang mit den verschiedenen Aufgaben.
Nehmen Sie sich am Anfang des Schuljahres Zeit, Arbeitstechniken kleinschrittig zu trainieren (z. B. Heft auf, Löschblatt unter die Zeile, in die ich schreiben soll, Stift bereitlegen…).
Wiederholung ist die Mutter der pädagogischen Porzellankiste.

Schon gefragt …

- Sind die Begriffe klar?
- Gibt es gesicherte, schrittweise Vorgehensweisen für bestimmte Arbeitstechniken?
- Kann ich diese durch Symbole und/oder Farben verdeutlichen?
- Wie kann ich andere Sinne einbeziehen?
- Wurde genug geübt?

Bewährte Tipps

Lehrer spielen

Ein Schüler darf die Arbeitsanweisung und individuelle Hilfe geben. Sie schlagen zwei Fliegen mit einer Klappe. Zum einen gibt es dadurch eine gute Differenzierung und zum anderen erklären die Kinder untereinander es manchmal besser als wir in „Erwachsenensprache".
Der Ansporn, auch einmal Lehrer zu sein, wirkt.

Natürliche Konsequenzen

Das Kind hat schon mehrfach gespielt und gestört. Am wirkungsvollsten ist es hier, den Schüler die Konsequenzen seines Handels konkret erfahren zu lassen. Hat er nicht aufgepasst, so wird er die Aufgabe nicht erfüllen können. Er muss sich um eine weitere Erklärung bemühen und sich so eingestehen, dass er nicht aufgepasst hat.

Weitere Ideen

Ampelmethode

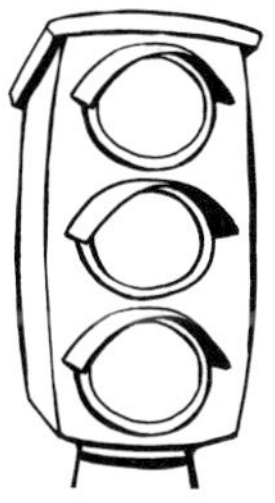

Die Schüler werden an das Analysieren von Aufgabenstellungen durch das Ampelmodell gewöhnt.

Farbe	Bedeutung	Aktion
Rot:	Halt	Was soll ich machen?
Gelb:	Achtung	Wie und wo soll ich das machen?
Grün:	Los	Aufgaben beginnen
Blau:		Selbstkontrolle

Beispiel:

Die Schüler sollen im roten Schreibheft drei Zeilen „a" schreiben. Besprochen wird:

Rot	Drei Zeilen a schreiben
Gelb	Mit dem Füller im roten Schreibheft in der Zeile, die mit einem „X" markiert wurde
Grün	Los
Blau	Zeilen zählen, Buchstaben kontrollieren

Konsequent daran gewöhnt, geht diese Herangehensweise in Fleisch und Blut über und Kollegen können bei einsetzendem Fachunterricht darauf zurückgreifen.

Mehrteilige Aufgaben in Einzelschritte gliedern

Bei schriftlichen und mehrteiligen Aufgaben wird jeder Einzelschritt farbig markiert. Nach Erledigung kann dieser dann durchgestrichen werden. Oder: Schreiben Sie die Einzelschritte untereinander.

Falsch:
Schneide die Sätze und die Bilder aus. Lege sie passend zurecht, überprüfe und klebe auf.

Richtig:
Schneide Sätze und Bilder aus.
Lege sie passend zurecht.
Überprüfe.
Klebe auf.

Die Kinder können manche Laute nicht korrekt bilden

Stellen Sie sich vor …

Stellen Sie sich vor, Ihre Zunge gehorcht Ihnen bei bestimmten Wörtern nicht mehr. Sie müssen die Artikulation dieser Worte wirklich neu lernen: sehr mühselig.

Normalerweise sollte die Artikulationsfähigkeit der Schüler bei Schuleintritt bis auf wenige Ausnahmen entwickelt sein. Immer mehr Kinder kommen aber auch mit Defiziten in diesem Bereich zur Schule. In den Kindertagesstätten und Vorschulen hat man das Problem erkannt und beginnt bereits dort, verstärkt zu arbeiten. Auch wenn wir Pädagogen meist keine sprachtherapeutischen Kenntnisse mitbringen, können wir jedoch Hilfen anbieten, die das Lesen- und Schreibenlernen trotz gewisser Schwierigkeiten unterstützen.

Schon gefragt …

- Bin ich ein gutes sprachliches Vorbild?
- Nutze ich die vielen pädagogischen Angebote, etwas in Reimform anzubieten? Im Anfangsunterricht gibt es eigentlich nichts, was es nicht auch in Reimform gäbe. Durch die Wiederholung, das sprachliche Vorbild sowie die Rhythmisierung der Sprache werden so Artikulationsübungen mit Inhalten verbunden, die sich dadurch auch noch besser merken lassen.

Bewährte Tipps

Beispiele für Reime

- Jede Zahl kann mit einem Spruch eingeführt werden.

Eins ist meins und du hast keins.

Du – hör mal zu – ich brauch zwei Schuh.

Die Ampel hat 3 Farben. Ich kann dir alle sagen.

1, 2, 3, 4, 5 – Stiefel, Schuh und Strümpf.
5, 4, 3, 2, 1 – besser noch als keins.

Mein Rennwagen hat 4 Räder, das weiß ja schon ein jeder.

Schneewittchen kocht für 7 Zwerge, sie lebt bei ihnen hinterm Berge.

1, 2, 3, 4, 5 und 6 – heute kocht die kleine Hex.

Acht Beine hat die Spinne, sitzt in der Regenrinne.

1, 2, 3, 4, 5 und 6 –
du bist eine kleine Hex.
7, 8 und noch die 9 –
darüber kannst du dich doch freun.

10 Eier legte
heut Marie,
da staunte selbst
das Federvieh.

- Außerdem gibt es für die Bewegungen beim Schreiben einer Zahl jeweils eine sprachliche Begleitung (s. S. 69).
- Auch die Zehnerergänzungen haben ihren Reim (s. Kopiervorlage S. 70).
- Selbstlaute können schon früh als „Belohnungsspruch“ gelernt werden:

A, a, a jetzt sind wir alle da!
E, e, e wir wackeln mit dem Zeh!
I, i, i wir heben unser Knie!
O, o, o wir machen alle so! (Grimasse)
U, u, u jetzt halten wir schön Ruh!

Zungenbrecher

Zu jedem Laut, den die Schüler lernen, wird auch ein Zungenbrecher gehört. Meist sind die gefundenen aber ziemlich schwer. Außerdem macht es noch mehr Spaß, selbst welche zu kreieren. Egal, ob Sie eine Buchstabenseite gestalten oder Dinge mitbringen lassen, die mit dem neu gelernten Laut beginnen. Damit sind die Grundlagen gelegt.

Beispiel:

Dose, Dame, Domino, … – Was kann man tun, was mit „d“ beginnt? Eventuell muss der Lehrer helfen. In der flexiblen Eingangsphase können Zweitklässler solche Wörter im Wörterbuch suchen: drücken, ducken, … Der gemeinsame Satz könnte dann heißen:
Die Dame drückt das Domino in die Dose.

Die Spiele damit sind unerschöpflich:
Wer sagt es dreimal fehlerfrei?
Wer sagt es fünfmal innerhalb von 20 Sekunden? (Stoppuhr)
Wer ruft den Satz am lautesten? (für Schüchterne)
Wer sagt ihn silbenweise?
Wer sagt ihn so langsam, dass wir es schaffen, uns bei jedem „D“ zu melden?

Weitere Ideen

Manche Kinder haben noch ziemliche Probleme, der Zunge in ihrem Mund die richtige Stellung zuzuweisen. Solche Kinder benötigen die Unterstützung eines Logopäden.
Dennoch gibt es Hilfen und Unterstützungen, die auch im Unterricht angewendet werden können.

Streckenpusten

Sie bauen eine Strecke auf, z. B. mit den Silben und Ganzwörtern:

Ma- ma ruft O- ma.

Die Teile liegen etwa in 20 Zentimeter Abständen. Die Kinder haben einen Trinkhalm und einen Wattebausch. Dieser liegt auf „Ma".
„Wo muss der Wattebausch hin, damit es Ma-ma wird?"
„Ah, zu ma!" Der Wattebausch wird mithilfe des Trinkhalms dorthin gepustet. Dann entsprechend weiter, bis der Satz komplett ist. Dies schult die Mundmotorik.

Arbeit mit dem Spiegel

Weil das Hören der Laute ja doppelt kompliziert ist, wenn man sie selbst nicht korrekt bilden kann, könnte man versuchen, Hilfe über andere Sinne anzubieten. Hier ist der Einsatz des Spiegels hilfreich.

Beispiel:

Wir schauen uns die Mundstellung beim „M" ganz genau an und beschreiben besonders die geschlossenen Lippen. Der Schüler schaut sich seinen Mund dabei im Spiegel an. Bei Hörübungen wird dann begleitend in den Spiegel geschaut: Sehe ich meinen geschlossenen Mund beim Wort Mond? Und wenn ja, wann? Am Anfang, in der Mitte, am Ende?

Tipp:

Die Mundstellung der Kinder, die Schwierigkeiten haben, könnte fotografiert werden. Laute, die man oft braucht, werden kopiert. So kann man z. B. Bilder mit Mundstellungen des „M", „I" und „A" hinlegen. Die Kinder bilden diese Laute und erkennen das Wort Mia.

Die Kinder können keine Regeln einhalten

Stellen Sie sich vor …

Stellen Sie sich vor, Sie haben eine neue Arbeitsstelle. Erstes Fettnäpfchen: Sie wollen alle mit einer Umarmung begrüßen. Dies ist jedoch nicht üblich. Hochrot bieten Sie in der Frühstückspause an, zumindest Kaffee zu kochen. Die Kaffeemaschine ist Ihnen unbekannt. Allerdings trauen Sie sich auch nicht zu fragen. Irgendwie experimentieren Sie herum. Plötzlich läuft alles über. Zu allem Unglück lagen auch noch Akten in der Nähe, die jetzt voller Kaffeeflecken sind. Ihr Chef ist alles andere als erfreut.

Die Kenntnis gesellschaftlicher Gepflogenheiten (Regeln) ist natürlich die entscheidende Voraussetzung für deren Einhaltung.

Die Kinder sind neu in der Schule; sie müssen die korrekten Verhaltensweisen erst lernen. Einiges wird vom Kindergarten übernommen, anderes ist neu. Mehr als drei Regeln auf einmal können sich die Schüler oft nicht merken; sie müssen schrittweise herangeführt werden.
Die Regel „Wir gehen freundlich miteinander um" muss daher immer wieder mit Leben gefüllt werden. Sie ist aber eine gute Richtlinie.

Setzen Sie Prioritäten! Manchmal wird dem richtigen Jackeaufhängen an der Garderobe mehr Beachtung geschenkt als einem friedvollen Miteinander.
Formulieren Sie positiv! Beispiel: Denken Sie nicht an einen rosa Elefanten! Woran denken Sie? Richtig, an den rosa Elefanten. Unser Gehirn kann nicht „nicht" denken.
Aus der Regel „Wir prügeln uns nicht" könnte also „Wir gehen freundlich miteinander um" werden; aus „Kippel nicht!" wird „Sitz gerade". – Das ist eine klare und vor allem nachvollziehbare Anweisung, was erwartet wird. So wird das Ziel in den Blick genommen und nicht die zu unterlassene Handlung.

Schon gefragt …

- Kennen die Schüler die vereinbarten Regeln?
- Ist ihnen die Bedeutung bewusst?
- Sind die Regeln veranschaulicht und gut sichtbar? (Visualisierung)
- Besitzen die Kinder die Fähigkeit, diese einzuhalten?
- Sind Konsequenzen bei wiederholter Nichteinhaltung bekannt und werden diese durchgesetzt?

Bewährte Tipps

Klarheit

Früher wurde nicht lange diskutiert. Es gab klare Anweisungen und die Kinder hatten danach zu arbeiten. Diese Zeiten sind vorbei, denn die Kinder sollen mitdenken. Für ein erfolgreiches Lernen ist aber dennoch Klarheit gefragt. Kinder aus bildungsfernen Elternhäusern haben hier Schwierigkeiten mit unserer Wortwahl. Unsere Anweisungen sollten daher möglichst anschaulich und sinnlich gemacht werden, sodass sich die Kinder ein klares und umfassendes Bild machen können.

Regel: „Ich höre aufmerksam zu!"

Was höre ich, wenn ich diese Regel befolge?
Nichts! Ich bin ganz still. Dann höre ich nur die Stimme der Lehrerin.

Was sehe ich, wenn ich diese Regel befolge?
Ich bin aufmerksam: Mein Blick ist bei der Lehrerin.
Ich sitze gerade auf dem Stuhl.

Stempel für tolles Verhalten

Um das gute Verhalten der Schüler zu würdigen, die sich an die vereinbarten Regeln halten, können beispielsweise Tagesstempel und am Ende der Woche dann Wochenstempel verteilt werden.

Abwandlung:

Der Tagesstempel wird sichtbar im Klassenraum in eine große Tabelle gestempelt. Vorteil: Die Kinder lernen nebenbei, Tabellen zu lesen.
Damit die Eltern auch wissen, ob es am Tag geklappt hat, dürfen sich die Kinder mit Tagesstempel beim Eintragen der Hausaufgaben einen gelben Punkt ins Hausaufgabenheft malen. Wer jeden Tag einen schafft, bekommt am Freitag den Wochenstempel. Dies ist selbstverständlich auch abwandelbar für weniger Stempel. Vorteil: Die Kinder müssen zuhören („Darf ich einen Punkt malen?") und sie müssen ehrlich sein, denn beim Wochenstempel merken die Eltern schließlich, ob alle selbst gemalten Punkte „echt" waren.

Belohnungsbilder

Wer keine Stempel zur Hand hat, kann statt dieser natürlich auch Belohnungsbilder verteilen (s. Kopiervorlage S. 65).

Belohnungssysteme

Für jeden Teilschritt zum Erreichen eines Ziels werden z. B. Muggelsteine, Unterschriften, Punkte etc. verteilt. Eine vereinbarte Anzahl dieser Zeichen kann dann gegen etwas eingetauscht werden (z. B. Computerzeit, Lesezeit, freie Platzwahl …).

Beispiel:

Ein Schüler wird fast nie zum Stundenbeginn fertig. Für jeden pünktlichen Stundenbeginn bekommt er eine Unterschrift ins Hausaufgabenheft. Wenn alle Unterschriften (am Anfang können auch vier ausreichen) eingetragen sind, tauscht die Mutter es zu Hause gegen eine Belohnung. Auch eine Belohnung in der Schule ist denkbar (s. u. Idee Joker).

Weitere Ideen

Joker

Besondere Leistungen werden hiermit besonders belohnt. So bieten sich u. a. folgende Joker an: Hausaufgabenjoker, Platzwahljoker, Ich-darf-an-der-Tafel-schreiben-Joker, Das-Klassestofftier-darf-bei-mir-sitzen-Joker …

Ramona Wolff: Individuelle Förderung im Anfangsunterricht – Grundlegende Fähigkeiten

Beispiele:

Bei dreimal super sauberen Hausaufgaben erhält der Schüler einen Hausaufgabenjoker. Dieser darf einmal bei vergessenen Hausaufgaben als Joker eingesetzt werden, sodass man ausnahmsweise keinen Strich erhält.

Bei äußerst guter Mitarbeit in mehreren Stunden: Punktejoker. Dies ist ein Bonus zum Ausgleich, wenn einem Schüler z. B. nur ein Punkt zum Erreichen einer besseren Zensur fehlt. Hier kann der Punktejoker eingesetzt werden, um damit den fehlenden Punkt auszugleichen und die bessere Zensur zu erreichen.

Für Hilfestellungen bei Mitschülern: Partnerjoker. Mit diesem Joker darf der Schüler eine Stunde lang neben einem Partner seiner Wahl sitzen. (Kopiervorlage s. S. 71)

Ampelkarten

Es gibt grüne, gelbe und rote Karten. Der Einsatz eignet sich besonders bei offenen Unterrichtsformen. Der Lehrer verteilt die Karten: grüne Karten an Schüler, die die Regel gut einhalten, gelbe Karten für Kinder, die noch einen Hinweis zur Regeleinhaltung benötigen und rote Karten, wenn die Regeleinhaltung gar nicht klappt. Die Karten können während des Unterrichts natürlich auch wieder eingezogen und getauscht werden. Dies gilt für rote wie für grüne und gelbe Karten. Wer am Ende der Stunde noch eine grüne Karte hat, bekommt einen Joker (jedoch keinen Punktejoker, hierfür sind mehrere Stunden nötig).

Bei Rot gibt's eine Verwarnung. Hat ein Schüler am nächsten Tag wieder eine rote Karte am Ende der Stunde, sollte dies eine vorher angekündigte Maßnahmen zur Folge haben. So könnte beispielsweise eine zusätzliche Übungsphase die Folge sein.

Stillekarten (Positive Verstärkung)

Als Gegenstück zu den Ampelkarten kann ebenfalls mit Stillekarten gearbeitet werden (Karte mit einem Bild, das leises/stilles Verhalten verdeutlich oder eine leise/stille Figur zeigt). Diese können am Ende eines Tages oder einer Stunde an die Schüler verteilt werden, die sich an die Regel gehalten haben, in Arbeitsphasen leise zu sein. Fünf Karten können am Ende der Woche gegen eine Belohnung getauscht werden. Zu überlegen ist, ob die Schüler, die es nicht geschafft haben, fünf Karten zu sammeln, diese in der nächsten Woche weitersammeln dürfen oder ob sie in der nächsten Woche neu damit beginnen müssen.

Bandmaß

Eigentlich soll erwünschtes Verhalten verstärkt werden. Hier richten wir die Aufmerksamkeit jedoch ausnahmsweise auf Negatives. In Einzelfällen kann dies angebracht sein, da manche Schüler ihr Fehlverhalten offenbar nicht bemerken. Malen Sie einen Zahlenstrahl bis fünf auf ein Blatt Papier. Dazu braucht man noch eine Wäscheklammer. Immer, wenn unerwünschtes Verhalten auftritt, rutscht die Wäscheklammer eine Zahl weiter. Bei fünf angekommen, kann dies vorher abgesprochene Maßnahmen nach sich ziehen. Später kann der Zahlenstrahl auch noch verkürzt werden.

Beispiel: Ein Schüler hat eine „katastrophale“ Lerneinstellung. Er mault, diskutiert und verweigert sich. Nachdem viele andere Motivationsversuche scheitern, wird der Zahlenstrahl eingeführt. Bei jedem Maulen, Stöhnen etc. rutscht die Wäscheklammer eine Zahl weiter. Bei fünf angekommen, folgen weitere Maßnahmen wie eine zusätzliche Aufgabe oder Hausaufgabe (wenn möglich zum Thema der Auseinandersetzung).

Gruppen-Spiel

Teilen Sie Ihre Klasse in 3 Gruppen. Jede Gruppe darf sich einen fantasievollen Namen geben: z. B. Bayern München, Monsterchen etc.

Es gelten 3 Regeln, wie etwa:

Leise sein!
Fleißig arbeiten!
Sitzen bleiben!

Nun beginnt der ganz normale Unterricht. Immer, wenn einer in der Gruppe gegen die Regeln verstößt, erhält die Gruppe einen Punkt („Punkt für Bayern München …“).
Die Gruppe, die am Ende der Stunde die wenigsten Punkte hat, gewinnt. Der Gewinn kann auch an eine Belohnung gekoppelt werden. Hierfür könnte man die Siege „sammeln“ und zum Beispiel nach einer festgelegten Anzahl an Siegen eine Belohnung gewinnen (z. B. die Lose auf S. 50). Vom Zeitrahmen sollte die Spielphase 20 Minuten nicht übersteigen.

Vorschlag: Die Schüler, die Schwierigkeiten haben, die Regeln einzuhalten, werden absichtlich nicht auf die Gruppen aufgeteilt, sondern in einer Gruppe belassen. Der Ansporn, sich dann doch keinen Strafpunkt einzufangen, wenn auch andere schwierige Schüler in der eigenen Gruppe es schaffen, wirkt.

Ich schaff´s

Ausgangspunkt ist, dass die mangelnde Regeleinhaltung kein Defizit des Kindes darstellt. Vielmehr geht es um eine noch zu erlernende Fähigkeit.

1. Mit dem Kind wird besprochen, was es schon alles gelernt hat: Laufen, Sprechen, Fahrrad fahren … Es werden auch die Schwierigkeiten thematisiert, die es dabei gab.
2. „Genauso wollen wir jetzt die neue Fähigkeit erlernen: Stell dir vor, du hast es schon gelernt! Was siehst du? Was hörst du, wenn du es kannst? Welche Vorteile hätte es für dich, für deine Freunde, für deine Eltern?“
3. „Gib dieser Fähigkeit einen Namen. Welches Symbol soll hierfür stehen?“
4. „Wer, welche Figur, welches Symbol soll dich daran erinnern, wenn du es vergisst?“

5. „In welcher Situation ist es dir schon gelungen?"
6. „Wie lange wollen wir trainieren? Wann wollen wir kleine Kontrollen durchführen?"
7. „Wie wollen wir es feiern, wenn es klappt?"

Ein Beispiel:

Ein Schüler kann die Regel „Wir gehen freundlich miteinander um" nicht einhalten. Immer wieder, besonders bei Spielen in der Pause, wird er aggressiv. Nach den oben beschriebenen Schritten ergab sich Folgendes:

1. Klettern habe ich gelernt. Ich bin immer wieder heruntergefallen. Ich habe es geübt.
2. Ich sehe mich mit anderen spielen, ohne Beleidigungen. Meine Eltern wären stolz. Ich hätte Freunde.
3. Name der Fähigkeit: Kletterfähigkeit. Symbol: Batman.
4. Toni darf mich leicht an der Schulter fassen.
5. Beim Spielen mit meiner Schwester.
6. Übungsphase: sechs Wochen. Kontrolle: jeden Mittwoch Gespräch mit Lehrerin.
7. Feier: Ich möchte dann mit meiner Mutti Kirschkuchen essen.

Ein ähnliches Vorgehen wäre auch für die ganze Klasse möglich.

(Literatur: B. Furmann: Ich schaffs! Spielerisch und praktisch Lösungen mit Kindern finden – Das 15-Schritte-Programm für Eltern, Erzieher und Therapeuten, Carl Auer Verlag, 3. Auflage 2008)

Die Kinder können nicht mit ihren Gefühlen umgehen

Stellen Sie sich vor …

Stellen Sie sich vor, Sie hatten schon am frühen Morgen Ärger zu Hause. Sie sind mies gelaunt und am liebsten wären Sie im Bett geblieben. Stattdessen erwartet Sie auf der Arbeit ein Meeting und Sie machen natürlich gute Miene zur bösen Laune.
Wir Erwachsenen schaffen es meist, uns zusammenzureißen. Kinder hingegen haben diese Fähigkeit noch nicht. Um zum Tagesgeschäft überzugehen, brauchen sie unsere Hilfe. Wenn wir uns bewusst machen, in welch schwierigen Familienkonstellationen unsere Schüler teilweise groß werden, versuchen wir diese Hilfe natürlich gerne zu geben.

Ein großer Reiz des Kindseins ist es, Gefühle ehrlich zu zeigen und auszuleben. Dies wollen wir auch nicht unterdrücken. Allerdings ist es eine Vorraussetzung für funktionierendes Lernen, dass Kinder z. B. abwarten können, wissen, dass Bedürfnisse eben nicht immer sofort befriedigt werden können und es auch gilt, Misserfolge oder kleine Ärgernisse auszuhalten.

Schon gefragt …

- Gebe ich Sicherheit? (Zum Beispiel durch Rituale und klare Regeln?)
- Versuche ich, ein angenehmes Klassenklima zu fördern?
- Gebe ich den Kindern das Gefühl, angenommen zu sein, auch wenn sie mal schlechte Laune haben?

Bewährte Tipps

Ablenken

Nicht jeder kleinste Konflikt der Pause muss ausdiskutiert werden, nicht jede kleinste Störung muss sich auswachsen. Manchmal hilft es mehr, einfach zur Tagesordnung überzugehen, die bekannt und strukturiert ist.

Weitere Ideen werden in der Pädagogischen Notfallkiste vorgestellt (s. S. 59).

Schiedsrichter

Ich möchte natürlich nicht die Autoritätsgläubigkeit als das Nonplusultra darstellen. Aber manchmal müssen wir eben für die Schüler als „Schiedsrichter" entscheiden. Auch wenn wir nicht immer alle Situationen vollständig und korrekt zurückverfolgen können und natürlich auch die Gefahr besteht, einmal ungerecht zu handeln; den Kindern fehlt es noch an Erfahrungsvielfalt, um Situationen adäquat beurteilen zu können. Sie müssen dies erst lernen und benötigen somit die Unterstützung des Lehrers. Um dies deutlich zu machen, ist Fußball oft ein gutes Beispiel.
Dort entscheidet auch der Schiedsrichter in der Augenblickssituation. Das ist nicht immer gerecht, aber meist ist jede Mannschaft einmal mehr oder weniger im Vorteil, sodass es sich im Endeffekt ausgleicht.

Rollenspiele

Um Regeln akzeptieren zu können, sollten sich Kinder in andere Personen/Rollen hineinversetzen können.
Ich bin ein Anhänger des guten, alten Rollenspiels. Die Kinder sind dann wirklich „jemand anderes" und können entsprechend „fühlen". Wahlweise springt schon auch mal das Klassenplüschtier ein und zeigt, wie es sich verhalten hätte. So könnte das Spielen der Traurigkeit eines anderen, dem etwas kaputt gemacht wurde, Denkprozesse in Gang setzen und die Empathie fördern.

Weitere Ideen

Geschichten neu aufgepeppt

Kinder lieben Geschichten. Schon in den Lesebüchern der zweiten Klasse gibt es viele Texte zum Thema „Miteinander". Kreieren Sie selbst passende für Ihre Klasse, natürlich mit den aktuellen Schülernamen.

Beispiele:

- Robert war bei Indianern. Er übte das Schleichen, das Entdecken von Spuren und abends saßen alle um das Feuer und besprachen den nächsten Tag. Robert sollte Beeren sammeln. Am nächsten Tag aber hatte er keine Lust und tobte lieber rum. Am Abend war dann kein Essen da und der Magen aller knurrte …
- Lisa darf in den Weltraum fliegen. Sie hat fleißig dafür gelernt, doch plötzlich blinken alle Geräte. Lisa kriegt Panik, erinnert sich dann aber an ihr Astronautentraining und befiehlt sich: „Bleib ruhig, atme durch!"…

Gefühlsgesichter

An der Tafel sind die bekannten Smileys. Die Kinder haben Klebepunkte und sollen ihr derzeitiges Gefühl zuordnen. Schon das fällt manchmal sehr schwer. Auf diese Weise lernen die Kinder aber schon frühzeitig, auf sich selbst zu achten. Wer seinen Punkt bei traurig hingeklebt hat, darf, wenn er möchte, erzählen. Die anderen dürfen ihm etwa Nettes/Aufmunterndes sagen. Auch die fröhlichen Gesichter können zu Wort kommen. Ist die Zeit knapp, kann der Name desjenigen, der erzählen darf, ausgelost werden. (Kopiervorlage s. S. 72)

Trostkiste

Kinder, die ganz traurig sind, dürfen in die Trostkiste greifen. Beispiele habe ich in der „Pädagogischen Notfallkiste" beschrieben. Sehr beliebt sind auch die Seifenblasenspender.
Ganz kurz dürfen alle Kinder zuschauen und sich freuen, wenn es dem traurigen Kind wieder besser geht. Das ist gleichzeitig eine gute Empathieförderung.

Die Kinder können nicht mit Konflikten umgehen

Stellen Sie sich vor …

Stellen Sie sich vor, Sie haben einen Riesenstreit mit Ihrem Freund/Ihrer Freundin. Diese/-er behauptet felsenfest, Sie hätten den geborgten grünen Pullover immer noch nicht zurückgegeben. Ein Wort ergibt das andere und je nach Temperament werden Sie ihr wutentbrannt das Wasser ins Gesicht schütten oder tief verletzt das Feld räumen. Vielleicht werden Sie es auch ausdiskutieren und eine für beide Seiten befriedigende Lösung finden, z. B. darf die Freundin den Kleiderschrank inspizieren.
Sie merken, selbst für uns ist der Umgang mit Konflikten oft eine heikle Sache. Kinder werden von ihren Gefühlen oft total überrollt und haben es nicht gelernt, Konflikte adäquat zu lösen. Manche wissen ganz einfach auch nicht, dass Konflikte gelöst werden können, oder ihnen fehlt das passende Wortmaterial dazu.

Schon gefragt …

- Bin ich mir meiner eigenen Toleranzschwelle bewusst?
- Sind Möglichkeiten des friedvollen Umgangs besprochen und geübt?
- Bevorzuge ich niemanden unbewusst?

Bewährte Tipps

Wenn …, dann …

Ganz klar, in unserer komplizierten Welt funktionieren solch einfache Muster nicht 100%-ig. Kinder brauchen aber manchmal solche Gewissheiten:
„Wenn ich Dinge beschädige, muss ich sie ersetzen." (Achtung: Nicht die Versicherung und nicht die Eltern)
„Wenn ich anderen wehtu, muss ich zur Auszeit." (Tipp: Durchhalten! Die ersten zweimal Auszeit sind vielleicht noch schön, die nächsten zwei schon nicht mehr.)
Mitunter geben wir zu leicht auf, nach dem Motto: „Das hilft sowieso nichts!"
Bitte Vorsicht vor Übertragungen: Nur, weil der Vater auch schon so war, muss dies auf den Sohn nicht zwangsläufig ebenfalls zutreffen!

Weitere Ideen

Alternativen üben

Einige unserer Schüler kennen keine Alternativen, um mit Ärger, Grenzsetzungen oder anderen vermeintlichen Konflikten umzugehen. Deshalb ist es wichtig, Alternativen anzubieten und einzuüben.

Ein Beispiel:

Es gab eine kleine Rauferei und die „Szene" wird noch einmal nachgestellt.

Hierbei zeigen sich verschiedene Möglichkeiten des Reagierens. Die beste Möglichkeit wird gemeinsam besprochen.

Stopphand

Eine einfache Strategie, damit bei Stopp auch wirklich Schluss ist.

So kann Folgendes eingeübt werden:

1. Mich ärgert jemand: Ich sage deutlich, dass ich das nicht möchte.
   Besonders beim Spielen in der Pause wird das grinsende „Nein!" oft falsch gedeutet.
2. Wenn trotzdem nicht aufgehört wird, zeige ich meine Hand und sage: „Stopp!" Das ist das Zeichen: Es ist zu viel – es könnte Ärger geben.
3. Ist jetzt nicht Schluss, hole ich Hilfe von Erwachsenen.

(vgl. Thomas Grüner/Franz Hilt: Bei Stopp ist Schluss! Werte und Regeln vermitteln. AOL-Verlag in der Persen Verlag GmbH, Buxtehude)

Wortwahl

Manche Kinder haben einfach keine Worte für Gefühle oder zum verbalen Aufarbeiten eines Konflikts. Hier immer wieder Hilfen anzubieten, ist eine hilfreiche Unterstützung und gleichzeitig gute Sprachförderung.

So können beispielsweise Satzmuster zum Vervollständigen nützlich sein:

„Ich fühle mich ...", dazu den passenden Smiley zeigen (ängstlich, zornig ...) und erste Begründungen finden lassen.

Eigentlich für größere Schüler gedacht, finde ich die Bezeichnungen „Wolfssprache" für Du- Botschaften und „Giraffensprache" für Ich-Botschaften aber ebenfalls sehr anschaulich.

„Du bist dumm"	– sage ich auf gleicher Augenhöhe: Ärger, da anklagend
„Ich bin zornig"	– sage ich, wenn ich den Überblick von oben habe: durchatmen und nachdenken/der andere kann einen besser verstehen, da keine Anklage in der Aussage

Die Kinder haben keine Lust zum Denken

Stellen Sie sich vor …

Stellen Sie sich vor, Sie sitzen in einem Seminar und Ihnen wird etwas über die förderdiagnostische Lernbeobachtung erzählt. Sie lauschen eine gewisse Zeit und versuchen zu folgen. Dann fällt das Stichwort „Aufmerksamkeitsstörung“ und sofort fällt Ihnen ein Schüler ein, bei dem dies kürzlich diagnostiziert wurde. Nun sind Sie total interessiert und bei der Sache.
Genauso geht es den Kindern, wenn sie Ansatzpunkte feststellen. Sofort heben sie ihre Hände und möchten erzählen, was sie dazu wissen.
Fehlen solche Ansatzpunkte, ist es genau umgekehrt. So z. B., wenn der Seminarleiter von völlig überholten pädagogischen Ansätzen redet, wo sich doch schon längst neuere Denkweisen etabliert haben. Fehlen solche Ansatzpunkte, würden wir uns wegträumen. Das viel zitierte „Abholen der Schüler, wo sie stehen“, macht Sinn. Unser Gehirn arbeitet viel besser, wenn wir „Andockstationen“ finden, an welchen wir anknüpfen können. Außerdem sollte das Anspornen und Loben nicht vergessen werden.

Schon gefragt …

- Hole ich die Schüler da ab, wo sie stehen?
- Motiviere und animiere ich die Schüler zum Mitdenken?

Weitere Ideen

Denkpunkt

Für außergewöhnliche Überlegungen und gutes Mitdenken können Denkpunkte verteilt werden. So wird die gute Mitdenkleistung gewürdigt und andere werden motiviert, ebenfalls den Kopf einzuschalten und mitzudenken. (Kopiervorlage s. S. 72)

Sie können dies auch gezielt einbauen:
Beim Zifferndiktat wird jede Zahl einzeln diktiert: 8. 11. 200
„Wer weiß, welche Zahl jetzt noch fehlen könnte?“ „Acht! Dann haben wir das Datum von heute!“ „Toll!“
Wer so gut mitgedacht hat, verdient natürlich einen Denkpunkt.

Neugierecke

Alle Fragen, spannenden Überlegungen etc. werden auf Zettel geschrieben und kommen in die „Neugierecke“:
Warum färben die Bäume im Herbst ihre Blätter?
Wie schafft es ein Eichhörnchen, kopfüber nicht vom Baum zu stürzen?
Wer möchte, darf am Freitag einen Zettel ziehen, Antworten auf die Frage suchen und am Montag im Morgenkreis berichten.

Detektivwoche

Je eine Woche in jedem Halbjahr ist Detektivwoche. Da kommen spannende Denkaufgaben in den Wochenplan; es ist Zeit für Rätsel und Entdeckungen für die Neugier-Kiste. Hier können dann spannende Knobel- und Denkaufgaben platziert werden.

Erfühlen

Um das Unterrichtsthema zu erraten, werden passende Gegenstände unter einem Tuch versteckt. So können die Schüler tasten und müssen das Erfühlte beschreiben: rund, stachelig ... „Ah, eine Kastanie!" (analog: Apfel, Birne, Blätter ...)
„Worum geht es? Nein, nicht um Obst, sondern um den Herbst!"

Spiel:
Gemeinsamkeiten finden

„Max mag":

Max mag bestimmte Dinge, bestimmte Dinge mag er nicht. Alle Dinge, die er mag, haben eine Gemeinsamkeit. Welche mag das sein?

Z. B.: Er mag Milch, aber keine Limo
Er mag Müll, aber kein Plastik.
Er mag den Mond, aber nicht die Sonne.
Genau: Er mag alles, was mit „M" beginnt.

Steigerung:

Kinder, die die Lösung erraten haben, dürfen selbst Beispiele sagen, was Max mag und was nicht. Hierbei können dann auch andere Unterschiede thematisiert werden.

Schubkästen

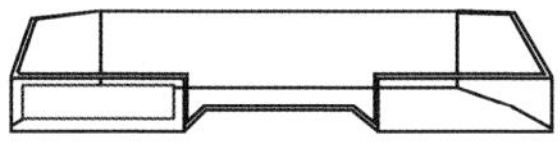

Denken hat immer etwas mit Struktur zu tun.
Sicher kennen Sie auch Kinder, die in der vierten oder gar fünften Klasse Fachbegriffe wild durcheinanderwerfen. Auf die Frage nach Wortarten kommt mitunter schlimmstenfalls Addition und bestenfalls Subjekt. Diese Begriffe sind nicht abrufbereit. Versuchen wir es doch mit „Schubkästen". Normalerweise brauchen wir sie nur für den Kopf und sortieren hier unser Wissen ein. Diese Schubkästen konkret anfassbar zu machen, kann helfen, das Wissen sichtbar zu ordnen und so auch selbst eine Struktur zu erhalten.

Beispiel:

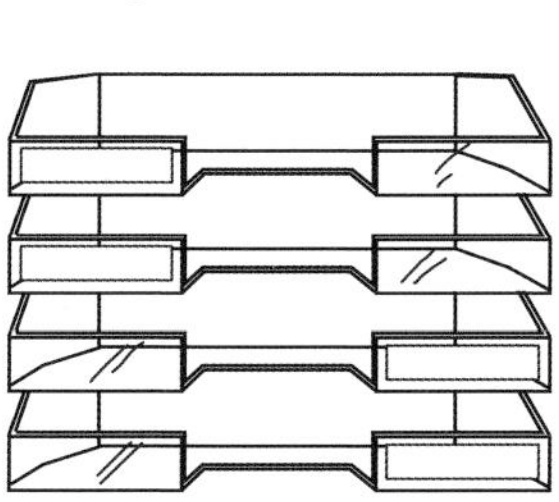

Im Schubkasten liegen Mitlaute und Selbstlaute.
Die Selbstlaute können in ein zusätzliches Baufach wechseln, sich hier zu Doppellauten zusammenschließen. Oder sie bekommen ihre zwei „Umschalter" (Punkte) und werden zu Umlauten.
Die Schubkästen oder Sortierfächer können schnell im Baumarkt besorgt werden.
Man kann den gleichen Schubkasten auch bei Bedarf neu beschriften.
Wichtig ist, die Zuordnung möglichst oft begründen zu lassen.

Beispiele:

Name des Schubkastens:	Unterrichtsfächer
Name der Unterfächer:	Mathe, Deutsch, Sport, ...
Was wird sortiert:	Bilder der Arbeitsmittel

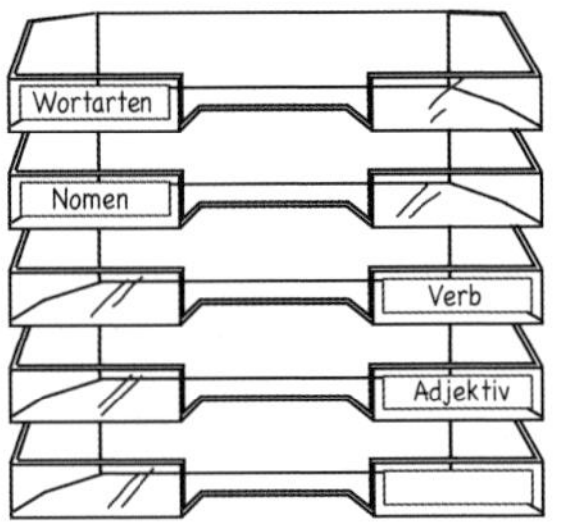

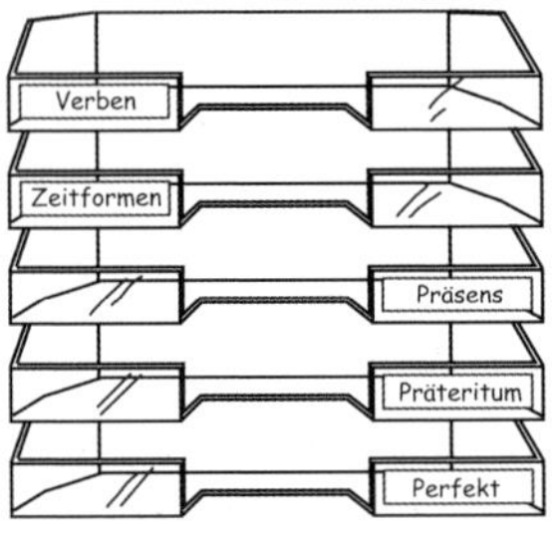

Name des Schubkastens:	Wortarten
Name der Unterfächer:	Nomen, Verb, Adjektiv, …
Was wird sortiert:	entsprechende Wortkarten

Name des Schubkastens:	Zeitformen (hinter dem Schubkasten Verb)
Name der Unterfächer:	Präsens, Präteritum, Perfekt
Was wird sortiert:	selbst erstellte Zettel in den Verbformen

Mit diesen Schubkästen kann dann gearbeitet werden. Die Schüler können Verben aus dem Verb-Schubkasten ziehen und das Verb in den verschiedenen Zeitformen aufschreiben und einsortieren.

Nach und nach können dann durch das Hantieren mit den Wörtern die Verbindungen der Schubfächer benannt werden. So kann man z.B. durch das Umschütten der Adjektive in die Nomen-Schublade thematisieren, was sich an den Wörtern ändern muss, damit sie nun in diese Schublade passen …

Die Kinder können nichts über ihr Lernen sagen

Stellen Sie sich vor …

Stellen Sie sich vor, Sie kommen von der Arbeit zurück. Zu Hause fragt man Sie, wie es war. „Wie immer!“, antworten Sie. Auf weitere Nachfrage können Sie aber nur berichten, dass Sie gemacht haben, was Sie immer tun, aber den großen Zusammenhang in Ihrer Arbeit sehen Sie eher nicht.

Das eigene Lernen einsortieren zu können und Lernwege bewusst wahrzunehmen, das ist eine große Kunst. Grundvoraussetzung dafür ist die Zielklarheit.

Wichtig ist eine klare Ziel-Inhalt-Methoden-Relation. Zunächst muss das Ziel klar sein, dann der Inhalt und dann die Methode. Es gibt gerade für den Primarbereich so viel wunderbares Material. Da ist die Versuchung groß, sofort loszulegen. Aber dann steht oftmals die Methode im Vordergrund. Prüfen Sie das von Ihnen eingesetzte Material: Weniger ist manchmal mehr! Wird tatsächlich klar ersichtlich, was da gerade gelernt werden soll?

An unserer Schule arbeiten wir seit etwa zwei Jahren mit Wochenzielen: eins in Mathe, eins in Deutsch. Ja, da lernt man, sich zu beschränken. Natürlich wird noch mehr gelernt, aber wir haben sozusagen damit die Hauptstraße des Lernens festgelegt. Die ist Pflicht und Grundlage für alle. Alles andere sind Nebenstraßen. Diese können, müssen aber nicht begangen werden. Manche Lehrbücher favorisieren Nebenstraßen. Das ist unproduktiv und für langsam Lernende hinderlich, da der Überblick schnell verloren geht.

Schon gefragt …

- Habe ich mein Hauptziel klar im Blick?
- Ist den Kindern das Ziel bewusst? (Visualisierung ist immer hilfreich)
- Eignen sich die Methoden, um das Ziel zu erreichen?

Bewährte Tipps

Ziele bewusst machen/visualisieren

Sagen Sie das Ziel nicht nur an, schreiben Sie es an die Tafel oder hängen Sie es auf, damit es für jeden klar und sichtbar ist. Zusätzlich zum Ziel müssen die Schüler natürlich auch erfahren und erkennen, wie sie das Gelernte üben können und wie das Erreichte kontrolliert werden wird.

Tintenfass-Spruch

Mit dem Spruch: „Eene meene Tintenfass, in der Schule lern ich was“ kann die Stunde oder der Tag beendet werden. Zusätzlich sollten dann die Hauptziele der Stunde bzw. des Tages noch einmal zusammenfasst werden, um diese den Schülern bewusst zu machen.

Weitere Ideen

Klebezettel

Die zu erreichenden Lernziele können als Überschrift auf ein DIN-A4-Blatt geschrieben werden.

Alle Kinder können ihren Namen auf einen Klebezettel schreiben und dann drunterkleben, wenn sie das Ziel erreicht haben.

Hierbei können auch Arbeitstechniken als Ziele (oder auch Wochenziele) angegeben werden.

Lernblatt/Lernheft

Einmal wöchentlich kann ein dreigeteiltes Lernblatt (dieses kann natürlich auch in einem Heft sein) gestaltet werden.

1. Was war in Deutsch neu? (neue Buchstaben, neue Wörter, Sätze, ...)
2. Was war in Mathe neu? (neue Zahl, Vorgänger, Nachfolger, erste Plusaufgaben, malen einer Rechengeschichte, ...)
3. Was war sonst schön in dieser Woche?

Wenn die Blätter/Seiten später angeschaut werden, sind die Lernfortschritte gut erkennbar, da sie übersichtlich dokumentiert wurden und gut vergleichbar sind.

Auswertungswürfel

Große Würfel mit Zahlen gibt es an fast jeder Schule.

Überkleben Sie die einzelnen Seiten wie folgt:
- Gut war:
- Gelernt habe ich:
- Mühe bereitet mir:
- Diesen Mitschüler fand ich toll:
- Ich wünsche mir:
- Meine Lehrerin war:

Lassen Sie die Schüler sich den Würfel gegenseitig zuwerfen und passend zur Aufschrift dazu erzählen, je nachdem, welche Seite aufgefangen/gewürfelt wurde.

Besonders eignen sich hierfür natürlich die Blanko-Würfel.

Nie vergessen: Loben

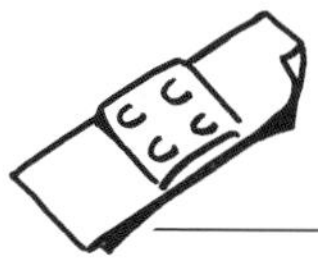

Die Schulanfänger gehen für ihre Lehrerin durchs Feuer. Niemals wieder ist die Beziehungsarbeit so enorm wichtig. Schon ein „Ich freue mich über …" von ihrer Lehrerin lässt Kinderherzen höher schlagen. Deshalb: loben nicht vergessen! Wenn Sie einmal tadeln, sollten Sie versuchen, fünfmal zu loben – gerade Ihre besonderen Schüler. Nur so bleibt die Beziehung stabil, denn positives Verhalten wird gelobt, so verstärkt und der Schüler fühlt sich angenommen und wertgeschätzt.

Wenn Ihnen das Loben schwerfällt, fordern Sie sich selbst: Legen Sie fünf Murmeln in Ihre rechte Jackentasche. Immer, wenn Sie gelobt haben, wandert eine Murmel von der rechten in die linke Tasche. Ist die rechte Tasche am Abend leer, loben Sie sich selbst. Sie werden sich freuen.

Gesammelte Möglichkeiten

Formen der Belohnung

- materielle Belohnung (Kleinigkeiten wie Aufkleber, Spiele, …)
- soziale Belohnung (Aufgaben und Entscheidungsmöglichkeiten)
- Events (Spielabend, Picknick, Kino, Schwimmbad, Rodelbahn, …)
- Andere (Treffen mit Opa, Freund, etc.)
- Anderes (Reiten, Hobbys)

Denkpunkte

Generell können „Denkpunkte" (s. S. 72) als Zeichen und Anerkennung für besonders gute Mitdenkleistungen vergeben werden. Auch eine besonders tolle Erklärung kann so belohnt werden.

Verbales Lob

- flüsternd
- in Rätsel verpackt (z. B.: „Besonders freuen konnte ich mich über einen Schüler, der sich heute wirklich immer gemeldet hat. Außerdem war sein Platz super ordentlich.")
- stellvertretend durch das Klassenstofftier
- Schüler können dazu vorkommen oder aufstehen

Kleine Belohnungen

- Stempel
- Aufkleber
- Bilder zum Anmalen (s. S. 64–65)
- Pässe

Vergünstigungen

- besondere Dienste
- Sitzplatzwahl
- Hausaufgabenerlass
- Zeit für Lernspiele am Computer
- Erlaubnis, an der Tafel zu malen.

In höheren Klassen kann man den Platzwahl-, Hausaufgaben- oder Punktejoker (s. S. 36) einsetzen. Die Kärtchen dazu können von den Kindern selbst hergestellt werden.

Lob durch Mitschüler

Aus einer Kiste mit den Fotos aller Kinder wird eines gezogen. Dem Schüler, dessen Foto gezogen wurde, wird am Stunden- oder Tagesende gesagt, was er gut gemacht hat. Negatives wird hier ausgeblendet. So kann sich jeder auf die positive Resonanz freuen, auch Schüler, die noch Schwierigkeiten haben. Das Lob kann hierbei sowohl verbal als auch schriftlich erfolgen, je nach Fähigkeiten und Wunsch der Schüler.

Für Schülergruppen

Jede Tischgruppe (ob Tischreihe oder Gruppentisch) sammelt Lobpunkte für kleine Belohnungen. Die beste Reihe darf Lose ziehen:

Lose zur Belohnung:

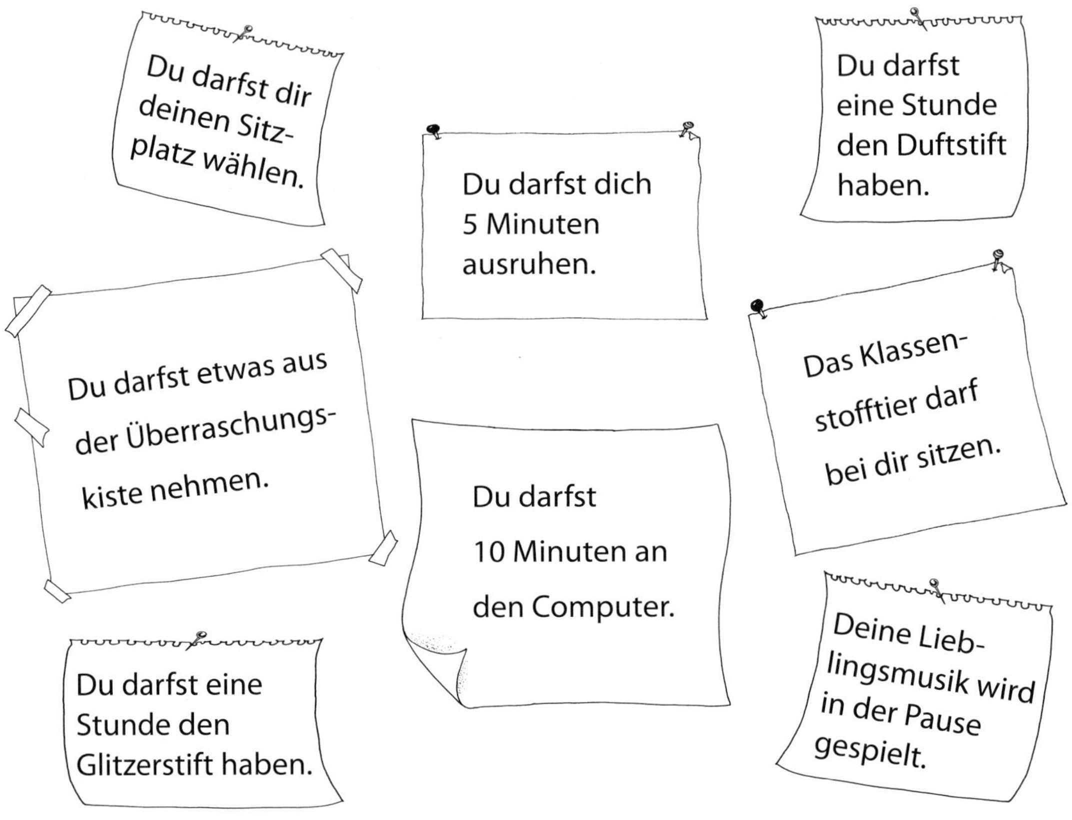

Wenn die erste Hilfe nicht reicht

Mit all den angeregten Überlegungen und Maßnahmen kann dem Verfestigen von Anfangsschwierigkeiten präventiv begegnet bzw. eine Richtungsänderung bei bestimmten Verhaltens- und Arbeitsweisen bewirkt werden. Einige Kinder aber haben in ihrem kurzen Leben schon so viel Unschönes erlebt, dass kurzfristige Maßnahmen nicht greifen. Ähnliches gilt für äußerst verwöhnte Kinder, die sehr selten mit Forderungen und Grenzen konfrontiert wurden.

Welches Vorgehen ist nun sinnvoll?

Weniger ist mehr

Blinder Aktionismus bringt uns nicht weiter. Zunächst einmal gilt es sauber zu klären, wo die Hauptschwierigkeiten liegen, die das Lernen behindern.
Dies herauszufinden ist extrem schwer. Es gibt viele Tests und Beobachtungsbögen und sicher finde ich bei der Anwendung auch stets etwas heraus. Doch weiß ich dadurch wirklich, welche Maßnahme dem Kind nun vorausichtlich hilft? Es ist wirklich nicht wichtig, dem „Kind (der Schwierigkeit) einen Namen zu geben“. Gut ist, was hilft und nicht, was einen klangvollen Namen hat.
Kurz: Wichtig ist, die Schwierigkeiten zu erkennen und Fördermaßnahmen anzuschließen.

Sich selbst wichtig nehmen

Trauen Sie Ihren Erfahrungen, aber hinterfragen Sie diese auch.
Folgende Fragen könnten hilfreich sein:

- Was fällt mir als Erstes an dem Kind auf?
- Wo liegt meine persönliche Toleranzschwelle? Wie wirkt sich dies auf die Wahrnehmung des Kindes aus? Berücksichtige ich dies?

Ausnahmen analysieren

In welchen Situationen tritt ein bestimmtes (Problem-)Verhalten des Kindes auf?

- Was ging diesem Verhalten voraus?
- Wie reagieren Mitschüler und Lehrpersonen darauf?
- Wann tritt das (Problem-)Verhalten des Kindes nicht auf? Wann zeigt es angemessenes Verhalten? (Sozialform, Arbeitsmittel …)
- Was macht das Kind in solchen Situationen anders?
- Was machen Mitschüler und Lehrpersonen in solchen Situationen anders?
- Was ist in solchen Situationen hilfreich für alle Beteiligten?

Beobachtungen

Alle Lehrer sind studierte Leute und trotz des Ansatzes der Praxisbezogenheit arbeiten wir natürlich wissenschaftlich. Das heißt u. a., dass wir unsere Beobachtungen nicht mit Hypothesen vermischen.
Folgender Beobachtungsbogen hat sich dafür bewährt:

Datum/Fach/ Lehrer	Zeit/ U-phase	Beobachtung Was konkret ist gelungen oder nicht gelungen?	Umfeld-Bedingungen (Welches Lehrer- bzw. Schülerverhalten ist vorausgegangen oder gefolgt? Welche Materialien waren im Einsatz?	Vermutungen/ mögliche Begründungen
…				

Tätigkeitsergebnisse hinterfragen

„Zu Hause kann er es aber!" – Wie oft haben Sie diesen Stoßseufzer von Eltern schon gehört? Grund genug, das „Wie" des Erreichten zu hinterfragen. Angenommen, die Eltern sagen die Wahrheit: Hatte das Kind mehr Zeit und/oder mehr Ruhe? Welche Hilfen gaben die Eltern? Gab es andere Unterstützungen? Bei uneinheitlichem Leistungsbild in der Schule lohnt sich ein ähnliches Herangehen. Wir sollten herausfinden, welche Aufgaben das Kind sicher beherrscht, um die berühmte „Zone der nächsten Entwicklung" bestimmen zu können.

Teamarbeit

Sie sind nicht allein. Wir haben sehr unterschiedliche Toleranzschwellen. Nicht nur im Bereich des Verhaltens findet der eine noch völlig normal, was den anderen zur Weißglut treibt. Gerade deshalb ist es wichtig, über den Schüler zu sprechen, Beobachtungen auszuwerten und gemeinsam Schlussfolgerungen zu ziehen. Einiges relativiert sich dabei auch. Vergessen Sie im Team nicht die Hauptexperten: das Kind selbst und seine Eltern.

Konzentration auf das Lernen

Bei all unseren Untersuchungen finden wir eine Vielzahl von Schwierigkeiten und auch Möglichkeiten zu reagieren. Die Kunst nun ist es, sich nicht zu verzetteln. Entscheiden wir uns für Maßnahmen und bleiben dabei! Gut Ding will Weile haben. Andererseits müssen wir uns auch von unwirksamen Maßnahmen verabschieden können – ein schmaler Grat zwischen Geduld und Neuwahl. Die Überprüfung erwünschter Erfolge sollte mindestens vierteljährlich erfolgen. Lernen lernt man nur durch Lernen. Bleiben Sie am Thema, denn meines Erachtens bringen z. B. Konzentrationsübungen durch Tierpuzzle für den Unterricht recht wenig, wenn dieser nicht gerade Tiere zum Thema hat.

Förderplanung

Über die Förderplanung sollte man sich monatlich verständigen; Klassenlehrer und Sonderpädagogen arbeiten zusammen, die Fachlehrer können informiert werden. Ehrlichkeit ist Voraussetzung! – Nur Machbares sollte auch aufgeschrieben werden.
Außerdem sollten die Vorhaben konkret sein!
Nicht: „Kann Grundaufgaben", sondern: „Kann Addition bis 20 ohne Überschreiten im Kopf".

Folgende Tabellenform bietet sich beispielsweise an:

Förderbereich	Ist	Ziel	Ressource	Maßnahme/Zeit	Person/Bemerkung
...					

(s. Kopiervorlage S. 66)

Aufmerksamkeitsgestörte Kinder

Die Diagnose ADHS (Aufmerksamkeitsdefizit/Hyperaktivität-Syndrom) wird meines Erachtens neuerdings recht schnell gestellt.
Die Hauptsymptome: „Beeinträchtigte Aufmerksamkeit, Impulsivität und motorische Unruhe" weisen in unserer mediengeprägten Zeit viele Schüler auf. Ohne die motorische Unruhe ist es eine Aufmerksamkeitsstörung ohne Hyperaktivität (ADS).

Fast alle mir bekannten Kollegen haben zu diesem Thema diverse Fortbildungen besucht.
Das pädagogische Einmaleins dazu gibt es auch auf den Bildungsservern der einzelnen Länder. Daher wissen wir natürlich theoretisch, dass …

- genau hingesehen werden muss, um Vereinbarungen mit Eltern und positive Erfahrungen zu nutzen
- eindeutige Strukturen gegeben sein sollen, Aufgabenstellungen visuell unterstützt werden sollen
- sich auf Weniges beschränkt werden muss (das gilt für Regeln, Arbeitsmittel, Zeiten …)
- Vertrauen vermittelt und auch beim 99. Versuch noch gehofft werden soll, dass es diesmal klappt
- positive Eigenschaften erkannt und wertgeschätzt werden sollen (aufschreiben!)

Zugegeben – dies ist in zunehmend offenen Unterrichtsphasen schwer durchzusetzen. Wäre ein durchgehender Frontalunterricht vielleicht am besten für diese Schüler? Aber gerade in freien Phasen könnten wir vielleicht Begabungen der Schüler entwickeln? Die Wahrheit liegt wahrscheinlich, wie so oft, irgendwo in der Mitte. Die wissenschaftlichen Diskurse dazu laufen noch.

Was aber tun, wenn uns ein solcher Schüler wirklich fast jede Stunde „schmeißt"?
Denken wir dann noch daran, dass der Schüler dies ja nicht böse meint?
Oder geht unsere Denke doch eher in Richtung: „Die müssten mal richtig erzogen werden"?
So nachvollziehbar das ist, bleiben Sie professionell.

Sorgen Sie für sich!

Ausgeschlafen mit einem Späßchen auf den Lippen werden Sie besser reagieren, als mit einer Idee, die Sie nachts um ein Uhr hatten. Bitte nicht falsch verstehen: Es wird immer einmal angespannte Zeiten geben, mit vielen kranken Kollegen und privatem Ärger. Dies darf aber kein Dauerzustand werden. Ihre wichtigste Ressource beim Umgang mit solchen Schülern ist Ihre Ausgeglichenheit, Ihre Gesundheit. Gönnen Sie sich ohne schlechtes Gewissen kleine Entspannungsphasen.

Was aber, wenn Ihre Geduld und Kraft dennoch am Ende ist, wenn die anderen Schüler kaum zum Lernen kommen?
Dann steht die Überlegung an, ob sich die Eltern auch in Richtung einer medikamentösen Beeinflussung beraten lassen möchten. Dies sollten natürlich erfahrene Spezialisten tun.
Bedenken Sie: Einerseits gibt es durch Medikamente wirklich tolle Ergebnisse. Sie wirken fast sofort (meist merkt man es zuerst an der Schrift) und wir als Lehrer sind entlastet. Andererseits gibt es noch keine Langzeituntersuchungen. Einige Mittel stehen unter dem Betäubungsmittelgesetz, andere sind wegen eventueller Todesfälle in die Schlagzeilen geraten. Manche Eltern sprechen gar von einer Wesensveränderung ihres Kindes.

Ich frage mich: Hätte ich meinem eigenen Kind bei diagnostizierter Notwendigkeit diese Medikamente gegeben? Es ist in der Tat eine Zwickmühle. Wenn ich um Rat gefragt werde, gehe ich auch vom biologischen Ansatz heran, dass ein Botenstoff im Gehirn fehlt.

Dann antworte ich bei wirklich schlimmen Fällen mit einer Metapher:
Stellen Sie sich vor, Sie haben ziemlich stark Schnupfen. Die Nase läuft und läuft. Nun will Ihnen jemand zeigen, wie Sie ein Taschentuch benutzen könnten. Doch der Ärmel ist viel schneller an der Nase, weil es so belastend ist. Jetzt bekommen Sie aber Nasentropfen. Die Nase tropft nur ab und zu und ich kann in Ruhe lernen, ein Taschentuch zu benutzen.

Damit will ich gleichzeitig verhindern, dass sich Eltern nur auf die Medizin verlassen.
Wenn Eltern eine medikamentöse Beeinflussung versuchen, sollte gleichzeitig am Aufbau eines Verhaltensrepertoires zum Bewältigen von Konfliktsituationen gearbeitet werden.
Der dritte Baustein wäre dann die soziale Umgebung.

Manche Eltern und Kinder verstecken sich hinter der Diagnose.
Auch hier versuche ich es mit einer Metapher:
Stellen Sie sich vor, Sie hätten Rheuma und wohnen im dritten Stock. Sie müssen in Ihre Wohnung, auch wenn es schmerzt.
So muss das Kind es auch lernen, sich angemessen zu verhalten, auch wenn es mehr Mühe kostet und „schmerzt".

Manche Ärzte verschreiben die Medizin „nur" für die Schule und ich stutze schon, dass wir eine Institution haben sollen, die ein Großteil von Kindern nur mit „Medikamenten" übersteht. In einer neueren Studie las ich, dass das Gehirn von Kindern mit ADHS/ADS eine Entwicklungsverzögerung von etwa drei Jahren aufweist.
Ich bin skeptisch: Wächst es sich wirklich aus? Außerdem würde das bedeuten, dass wir diesen Kindern viel zu viel zumuten, speziell wenn sie viele Wahl- und Mitbestimmungsmöglichkeiten haben.

Was können wir sonst noch tun?

Ganz wichtig und doch immer wieder unterschätzt ist die Sitzordnung.
Eine Kollegin hat Gruppentische aufgestellt, das Kind mit ADS sitzt an einem extra Tisch und empfindet es nicht als Strafe, sondern berichtet zu Hause froh: „Jetzt hab ich Ruhe und Zeit." Die Kollegin motivierte ihn aber auch toll und machte deutlich, dass dies keine Strafe sei, denn ein extra Platz muss keine Strafe sein.
Zeigen Sie immer wieder Humor. Die Zappelorgien eines hyperaktiven Schülers können auch liebevoll kommentiert und zur kurzen Pause umfunktioniert werden.
Beispiel: „Schaut mal, E. hebt beim Aufzeigen die Arme so schön." Beide Arme liegen auf dem Kopf. Wenn er aufsteht, bilden die Arme und der Körper mit etwas Fantasie ein „T". „Kommt, wir machen mit. Ein ‚T' wie Taschentuch, damit winken wir jetzt alle mal."

Bleiben Sie liebevoll, aber hartnäckig bei getroffenen Vereinbarungen und Plänen.
Denken Sie in Teilaufgaben und in ganz kurzen Zeitabschnitten. Nicht zu viel auf einmal!
Das aufmerksamkeitsgestörte Kind gewöhnt sich langsam an etwas; es liebt Gewohnheiten.
Andererseits ist es reizoffen. Dieses Phänomen ist beim Arzt zu sehen (neue Reize) oder auch, wenn der Papa nur alle 14 Tage zu Hause ist und er sich über die Klagen der Mutter wundert. Hier treffen so viele neue Reize auf das Kind, dass es völlig damit beschäftigt ist und somit keine Unruhe verbreiten kann.

Sie können das Kind immer wieder mit neuen Dingen locken.
Zwei Wochen hält es vielleicht für einen Joker durch, dann für die Überraschungskiste und dann vielleicht für fünf Minuten am Lerncomputer. Es ist anstrengend, aber es lohnt sich.

Arbeit mit den Eltern

Stellen Sie sich vor …

Stellen Sie sich vor, Sie beginnen voller Elan Ihre neue Arbeit. Alles läuft hervorragend, bis Sie spüren, dass Ihnen Skepsis entgegengebracht wird. Kollegen haben erfahren, dass Ihre Schwester Alkoholprobleme hatte und man sah Sie beim Betriebsfest mehrere Gläser Wein trinken. Der Vergleich liegt nahe und schon stehen Sie unter Verdacht.
Ähnlich ist es, wenn unreflektiert von Eltern einfach auf Ihre Kinder geschlossen wird. Dies ist nicht angemessen und sollte vermieden werden.

Schon gefragt …

- Habe ich genug Achtung vor den Eltern?
  Unser Schulpsychologe brachte es auf den Punkt:
  Vor allem Eltern, die mit geringem intellektuellen Vermögen ihren Mann/ihre Frau stehen in unserer komplizierten Welt, haben unsere Achtung verdient. Wir sind nicht Richter der Eltern, sondern höchstens Helfer. Aber: „Hilfe, die ist großer Mist, wenn sie nicht erbeten ist!“
- Projiziere ich etwa Verhaltensweisen?
  „Sein Vater war auch so“ – hörte ich zu Beginn meiner Tätigkeit ganz oft. Vergessen wir nicht: Der Mensch ist ein bio-psycho-soziales Wesen.
  Er (und erst recht nicht das Kind) ist nicht nur das Ergebnis seiner Gene.
- Bedenke ich die Bedingungen?
  Maßnahmen, die in unserer Familie funktionierten, müssen in anderen Familien nicht zwangsläufig helfen, im Gegenteil. Lebenserfahrung in allen Ehren, aber „Ratschläge sind immer auch Schläge“. Man sollte sie also bewusst, gezielt und dosiert einsetzen, ansonsten werden sie schnell als Maßregelung von oben herab empfunden und verweigert.
- Gebe ich Verantwortung ab?
  Wenn ich während einer Kind-Umfeld-Analyse feststelle, dass tiefgreifende Ursachen für Minderleistungen in den Bedingungen der Familie liegen könnten, ist klar, dass ich mit pädagogischen Mitteln hier nichts ausrichten kann. Ich verweise dann an entsprechende Experten:

  Erziehungsberatung
  Psychologen
  Ärzte …

  In der Schule kann ich dem Kind helfen, indem ich Sicherheit und Struktur, liebevolles Angenommensein in klaren Grenzen biete. Nicht mehr, aber auch nicht weniger.
  Hinzu kommt, dass Tipps von Außenstehenden (z. B. Ärzten …) von Eltern mitunter eher angenommen werden als vom Lehrer, der sich gefühlt ständig einmischt.

Bewährte Tipps

Schule ist Schule

„Wenn sich da zu Hause nichts ändert, wird das nichts.“ Doch! Wir sollten den schwierigen Kindern nur vermitteln, dass in der Schule „ein anderer Wind“ weht, – sprich: andere Regeln herrschen. Natürlich ist es ideal, wenn die Eltern unterstützen und man gemeinsam Fortschritte erzielt. Wenn dies aber Eltern nicht können oder wollen, dürfen wir nicht resignieren. Ganztagsschulen könnten bei guter personeller Besetzung wirklich helfen.

Mitteilung an die Eltern

Eltern sollen informiert werden, aber die sprichwörtliche Angst einiger Schüler, wenn die Lehrerin den Rotstift zückt, machte mich doch betroffen. Aus systemischer Sicht ist immer sehr gut zu überlegen, wo und wann die Mitteilungen wirklich wirkungsvoll eingesetzt werden können.

Dazu etwas **Humor** von einem Schulpsychologen:

Die Lehrerin schreibt:

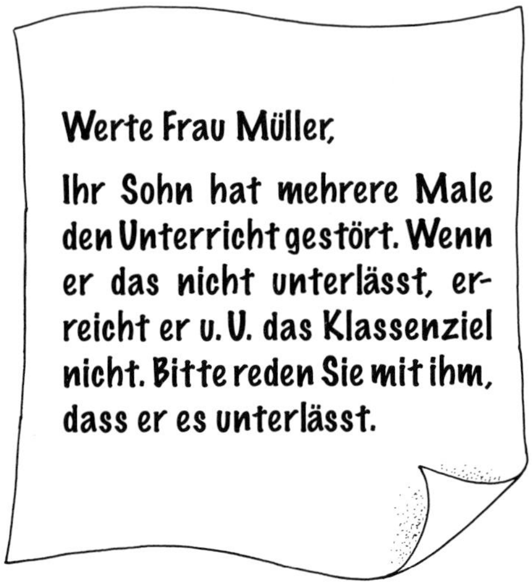

Werte Frau Müller,

Ihr Sohn hat mehrere Male den Unterricht gestört. Wenn er das nicht unterlässt, erreicht er u. U. das Klassenziel nicht. Bitte reden Sie mit ihm, dass er es unterlässt.

Die Mutter antwortet:

Werte Lehrerin, Frau Meier,

Ihr Schüler hat mehrere Male das Abendessen gestört. Wenn er das nicht unterlässt, könnte sich das Verhältnis zur Familie trüben und er könnte in seiner Entwicklung zurückbleiben. Bitte reden Sie mit ihm, dass er es unterlässt.

Überlegen wir also, ob die Mitteilung die rote Tinte wert ist und setzen wir Mitteilungen gezielt und überlegt ein.

Weitere Ideen

Elterngespräche

Elterngespräche zu führen, ist Pflicht und sinnvoll. In großen Klassen kommt es aber schnell zur „Massenabfertigung". Das ist kein Vorwurf, sondern Realität. Bei den meisten Eltern reicht eine 15-minütige Information. Einige Eltern brauchen mehr. Wenn Sie diese extra bestellt haben, beraten Sie konkrete Dinge. Blicken Sie in die Zukunft. Das was war, ist vorbei. Unter welchen Bedingungen war das erwünschte Verhalten da? Wie können diese Bedingungen Regel werden? Ist das realistisch? Treffen Sie feste Vereinbarungen für einen bestimmten Zeitraum (z. B. vier Wochen lang das Hausaufgaben-Heft unterschreiben). Als Erinnerungsstütze verteilen Sie eine Kopie der Vereinbarung.

Gesprächsstruktur:

Eine sinnvolle Struktur bietet eine gute Orientierung für ein Elterngespräch. Folgende Reihenfolge bietet sich an:

- Zunächst die Eltern über ihre Beobachtungen berichten lassen. So kommen sie zu Wort und werden in ihrer Elternrolle als Experten für ihr Kind ernst genommen.
- Nun sprechen Sie über Ihre Beobachtungen. Beginnen Sie dabei mit etwas Positivem, auch wenn dies manchmal schwerfällt. Dies ermöglicht einen guten Start und zeigt, dass Sie das Positive an dem Kind erkennen. Für die weiteren Beobachtungen ist wichtig, hierfür konkreten Beispiele parat zu haben. Dafür sollten die konkreten Beobachtungen oder Vorfälle immer sofort mit Datum und Bemerkung notiert werden, um dann bei Gesprächen vorzuliegen.
- Fassen Sie die Einschätzungen und möglichen Maßnahmen zusammen und legen Sie gemeinsam das weitere Vorgehen/die weiteren Fördermaßnahmen fest. Dies sollte möglichst schriftlich festgehalten werden, sodass alle Beteiligten diese Informationen als Grundlage für die Weiterarbeit vorliegen haben. Darauf kann natürlich beim nächsten Gespräch auch wieder aufgebaut werden, um die Fortschritte zu erkennen, die Maßnahmen zu überprüfen …

Elternstammtisch

Viermal im Jahr biete ich einen „Elternstammtisch" an. Ein Thema gibt den Rahmen, z. B.: „Wie lernt mein Kind, Ordnung zu halten?" Es gibt ein kurzes Statement durch mich und dann die Möglichkeit, sich auszutauschen. Nach dem dritten Mal ist es ein Selbstläufer.

Hier können die Eltern sich austauschen und z. B. diskret erfahren, dass es legitim ist, den Kindern auch das Verkraften von Misserfolgen zuzutrauen.

Konfliktmanagement

Erinnern Sie sich bitte an die vier Seiten einer Botschaft:

Sache, Gefühl, Appell und Selbstoffenbarung.

„Immer schön sachlich bleiben" klingt gut, aber bei einem sich laut beschwerenden Vater, der Ihnen vorwirft: „Sie haben was gegen meinen Sohn", ist das nicht einfach. Unterbrechen Sie das Gespräch. Die Gemüter müssen sich erst wieder beruhigen.

Eine wunderschöne Regel in Krisenzeiten:

NA UND!

N – Nicht aufregen
A – Abstand gewinnen
U – Ursachen analysieren
N – Nicht nachtragend sein
D – Darüber reden

Pädagogische Notfallkiste

Es gibt im pädagogischen Alltag immer wieder Situationen, in denen wir schnell handeln müssen.

In Konfliktsituationen blitzschnell die Kampfhähne ablenken, den ganz Traurigen trösten, das Kind ohne Motivation locken … Für solche Situationen habe ich meine „pädagogische Notfallkiste" angelegt. Im Prinzip ist es eine Sammlung verschiedenster interessanter Sachen – meist eigentlich kostenlose Werbegeschenke. Die Beispiele sind natürlich nur Anregungen.

Flummi

Der Flummi wird zugeworfen. Dann sind alle sogleich hellwach und es werden Fragen oder Scherzfragen gestellt.

Welcher Stuhl bewegt sich auf und ab?
Der Fahrstuhl

Wer kann höher springen als ein Haus?
Jeder, denn ein Haus kann nicht springen.

Welche Schlangen sieht man auf der Straße?
Autoschlangen

Sprechender/ leuchtender Kugelschreiber

Diesen bekam ich einmal geschenkt. Beim Betätigen hört man: „Du bist Klasse!" Der andere leuchtet und kann so auch Aufmerksamkeit binden.

Lustige Wurfgegenstände für die Pause

Es gibt lustige Wurfgeschosse, die Geräusche machen, wenn man sie wirft; z. B. so, als würde etwas kaputtgehen.

Kurzmassage

Die meisten Kinder lieben es, massiert zu werden. Man sollte allerdings vorher nachfragen, ob dies auch gewünscht wird.
Eine Massage wirkt besonders gut, wenn man den Punkt erwischt, bevor ein Kind wütend werden will. Natürlich kann solch eine kleine Ablenkung auch von einem befreundeten Mitschüler übernommen werden.

Lupe als kleine Aufheiterung

„Ich kann mal schauen, wo das „Böckchen" stößt. Ich kann suchen, wo das fröhliche, wieder nette Kind steckt."

Muggelstein

Kann es als „Mut-mach-Stein" geben. Dieser darf auch mal als „Gute-Laune-Zauberstein" mit nach Hause genommen werden (natürlich nur geliehen).
Oder die durchsichtigen Glassteine werden auf besonders schöne Zahlen und Buchstaben gelegt.

Tüte

Eine kleine, durchsichtige Tüte (wie es sie am Gemüsestand gibt) kann vielfältig genutzt werden. In einer Hand versuche ich, sie sichtbar verschwinden zu lassen. Bis dies geschehen ist, muss aufgeräumt/Ruhe sein ... Wenn dies ein Schüler darf, übt er gleichzeitig die Motorik.

Würfel

Der Schüler, der als Erster Ordnung am Platz hat, würfelt, bis er eine Sechs hat. Bis dahin müssen alle fertig sein.

Oder: Ein Schüler, der bockig war, darf so lange würfeln, bis er eine Eins hat. Dann klappt es wieder.

Abwandlung:

Würfle zwei Zahlen, die zusammen sieben ergeben oder Ähnliches.

Andere Würfel

Z. B. einen Würfel mit Zeitangaben.
„Wann könnte es wieder klappen?
Bist du schneller als das Würfelorakel?"
Die gewürfelte Zeitangabe zeigt an,
ab wann die Mitarbeit wieder klappt.

Notfallbonbons

Kleine Notfallbonbons (z. B. Traubenzucker) können schnelle Ablenkung bei Trost und Wut sein.

Kaleidoskop

Immer wieder gelingt eine Freude, eine Ablenkung durch einen Blick auf „magische" Muster.

Fenstermaler

Stifte dieser Art gibt es viele. Es gibt immer ein großes Aufmerken, wenn zu Lernendes ans Fenster oder den Schrank geschrieben wird. Es muss den Kindern jedoch klar gesagt werden, dass dies nur mit diesen besonderen Stiften geht, sonst versuchen sie es mit ihren eigenen.

Klangstab

Dieser kann vielfältig eingesetzt werden. Er kann aufwecken, ablenken oder als Symbol zum Ruhigwerden genutzt werden. Man schlägt ihn an und bis der Ton verklingt werden alle ruhig, bis dahin sind alle hellwach, bis dahin passen alle auf, ...

Kopiervorlagen

Zeichen zur visuellen Unterstützung

Lauschbiene

Hilfekreis (zum leisen und strukturierten Bekunden, dass Hilfe benötigt wird)

Ich
brauche
Hilfe.

Puzzle (zur Herstellung eines Puzzles einfach auf die Rückseite von Bildern kleben und ausschneiden)

Lesepfeil (als Lesehilfe)

Tierbilder (als Belohnungs- oder Hilfsbilder)

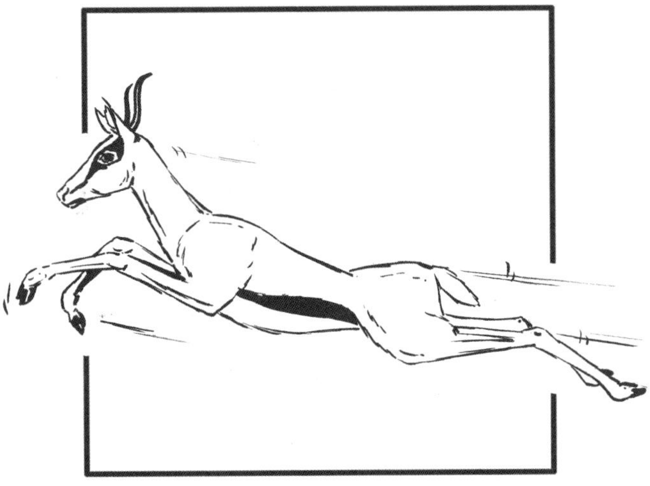

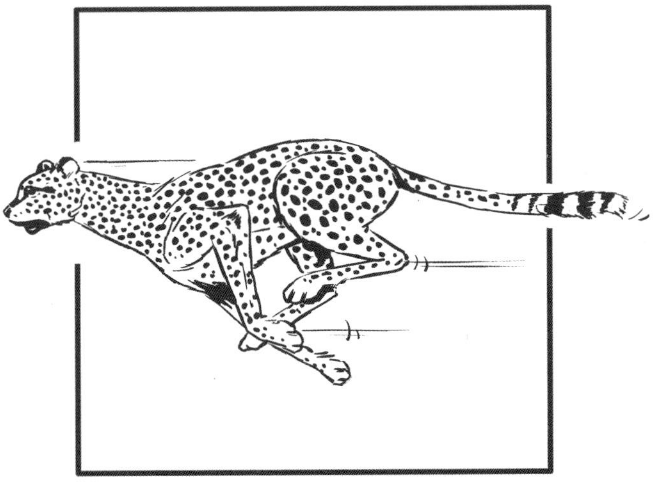

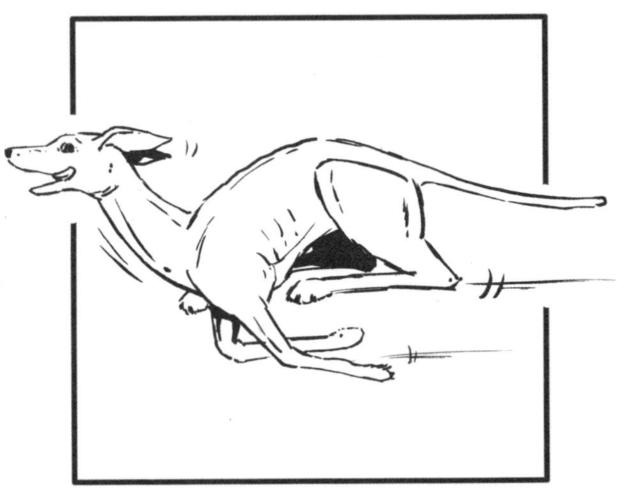

Belohnungsbilder

Förderplan

Förderbereich	Ist	Ziel	Ressource	Maßnahme/ Zeit	Person/ Bemerkung

Universal-Pass
(Pass mit erfolgreich erreichtem Lernziel, Schülername und Unterschrift eintragen und überreichen)

Pass

für:

Inhaber:

____

Datum/Unterschrift:

____

Ampel

(zum Markieren der verschiedenen Aufgabenschritte)

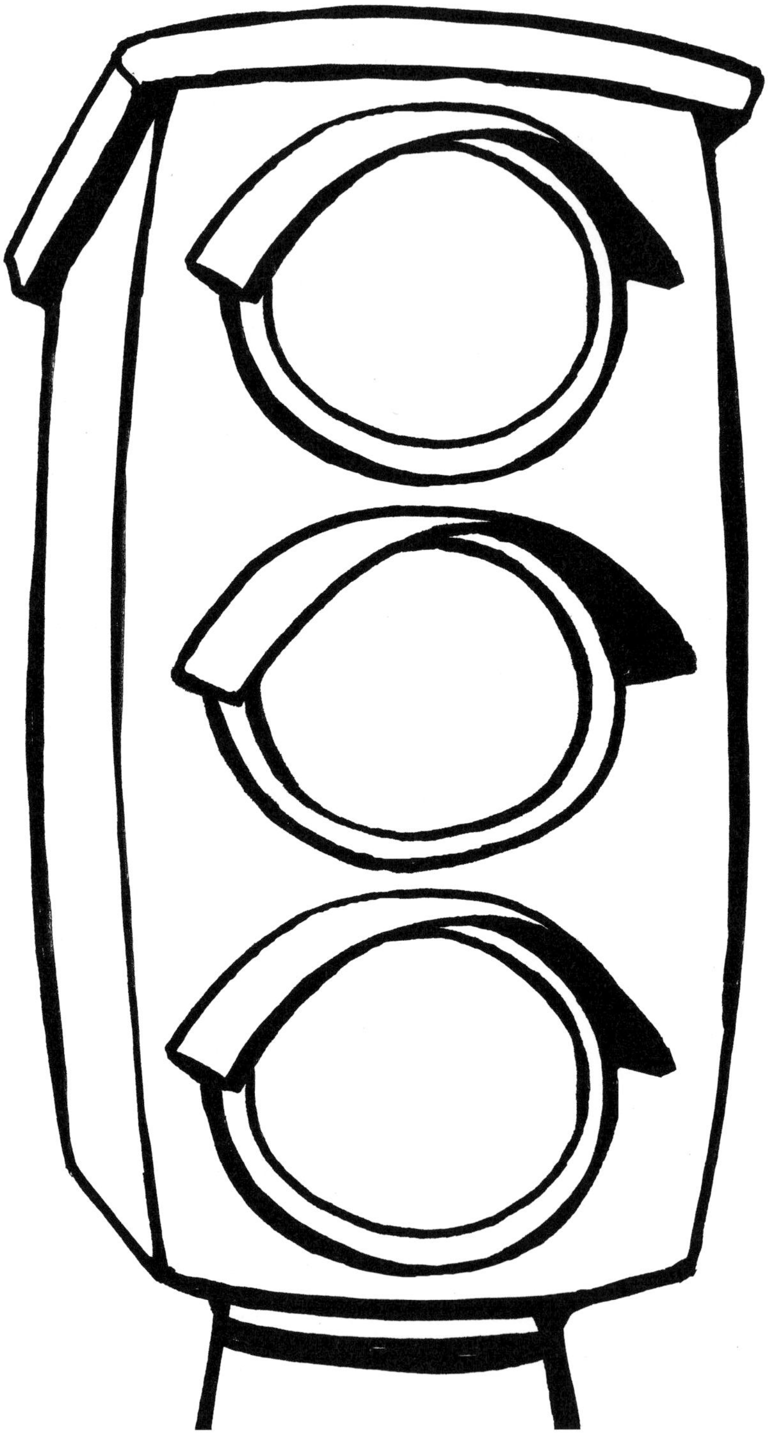

Sprachliche Begleitung zum Schreiben der Zahlen

1
Ein schräger Strich nach oben
und wieder hinunter.
Die 1 kommt angeflogen.
Das macht munter.

2
Erst ein schräger Spazierstock,
dann ein Strich nach rechts ganz flott.
Da ist die 2 – hopp, hopp!

3
Links beginnen wir jetzt.
Einen halben Kreis.
Ach, die 3 ist einfach.
Gut, dass ich das weiß.

4
Nun setzt oben rechts an,
schrägen Strich auch hier.
Rechts herüber – Beinchen, fertig ist die 4.
Oder:

4
Einen kleinen Strich von oben nach unten.
Eine Strich nach rechts auch hier.
Ein Beinchen in die Mitte – fertig ist die 4.

5
Einen Hals, ein Bäuchlein,
was wird das denn jetzt?
Fehlt nur noch das Hütlein.
Da ist die 5 – die fetzt.

6
Da schaut euch nur die 6 an,
die ist auch nicht schwer.
Einen großen Halbkreis,
rechts rauf, bitte sehr.
Oder:
Ein Halbkreis mit nem Kringel dran.
Nun schaut ihr euch die 6 schon an.

7
Einen Strich ganz oben,
schräg ab noch einmal.
Und zum Schluss ein Querstrich,
7 heißt die Zahl.

8
8terbahn die fahren wir,
linksherum fängts an.
Kurve rechts, dann links rauf,
noch mal rechts heran.

9
Eine kleine Kugel
ist die halbe 9.
Ein gekrümmtes Beinchen,
schon können wir uns freun.

0
Bei der 0 ganz einfach,
fange oben an.
Links herunter,
rechts herauf,
was ist schwer daran?

10
Jetzt nehme ich die 1 daher,
die dicke 0 dazu.
Die 10 ist so entstanden,
die lerne ich im Nu.

Zehnerergänzungen (zum besseren Merken der Zahlenkombinationen)

Zur **1** passt die **9** –
Oh, wie die sich freun!

Zur **2** passt die **8** –
wie hübsch sich das macht!

Zur **3** passt die **7** –
die müssen sich lieben!

Zur **4** passt die **6** –
wie der Besen zur Hex!

Zur **5** passt die **5** –
genau wie 2 Strümpf!

Zur **6** passt die **4** –
wie die Taste ans Klavier!

Zur **7** passt die **3** –
wie der Löffel in den Brei!

Zur **8** passt die **2** –
wie das Huhn zum Ei!

Zur **9** passt die **1** –
und sonst keins!

Joker
(einfach Belohnung eintragen und bei entsprechenden Leistungen verteilen)

Gefühlsgesichter

(als Hilfe zum Ausdrücken des eigenen Befindens)

Denkpunkt oder „Denki“

(um tolle Denkleistungen zu würdigen)